翻轉學

翻轉學

翻轉學

翻轉學

THE DISCOMFORT ZONE

How to Get What You Want by Living Fearlessly

駕馭不適圈

成功人士跳脫舒適圈、超越痛苦、與壓力共處的123個歇心法

法拉·史托 Farrah Storr ──著 閻蕙群──譯

謹將本書獻給威廉、派克與瓊斯

目錄

好評推薦

「直言無諱、幽默風趣而且見解獨到。作者在分享新奇有趣的妙聞軼事之餘，不忘提出中肯的建議，提醒讀者：未來的命運掌握在自己的手中。若想知道維持成功的最大祕訣，請立刻閱讀本書。」

——艾瑪．甘農（Emma Gannon），英國暢銷作家

「這是一本內容精采且實用的好書，只要依照作者的建議，在不適圈裡多待一些時間，我們每個人都可以獲得更大的成就。」

——唐恩．歐波特（Dawn O'Porter），英國作家、導演兼電視節目主持人

「在沒讀本書之前，你可能不知道，想要成功的人，都必須逼自己進入不適圈；作者將會讓你明白，其實，不適圈也可以待得很安適自在。」

——艾瑪．巴耐特（Emma Barnett），英國記者兼電台主持人

「我很喜愛這本書，它的內容引人入勝且發人深省。」

——夏瑪狄安．雷德（Sharmadean Reid），英國企業家

「這是你我迫切需要的一本書，作者用她的文字、經歷與精神，點燃你心中的一把火。讀完本書，你就會知道該如何面對不適，從而成長茁壯。」

——泰絲．哈樂黛（Tess Holliday），美國大尺碼超模

「大家都很害怕踏入不適圈，因為不知道會發生什麼樣的後果。但身處不適圈，你將會學到此生最重要的課題，並獲得成長的契機。透過一套簡單的心法，成為一個更有自信與更果決的人。」

——尚恩．瑞德（Sean Rad），手機約會應用程式 Tinder 創辦人

「本書揭開了人生的最大祕密——如何戰勝恐懼，讀了它，你就能旗開得勝！」

——海倫娜．甘迺迪女爵士（Helena Kennedy QC），英國王室法律顧問

「從愛上失敗到發揮創意、達成目標，作者提供了各種實用的撇步與真實案例，並帶著讀者展開一趟務實且充滿樂趣的自我成長之旅。」

——賽依達．沃爾西女爵士（Sayeeda Warsi），英國上議院議員

「突破困境的唯一方法，就是學習如何在不適圈中感到自在安適，本書作者將教你該怎麼做。」

——席雅．格林（Thea Green），英國美甲公司創辦人

「如果你覺得自己走投無路，趕快來讀這本書。」

——潔西卡．賀琳（Jessica Herrin），美國 Stella & Dot 珠寶服飾公司創辦人

前言

讓你脫胎換骨的「123 間歇心法」

你曾否感覺自己被人盯著瞧？我就有過，而且是同時被二十五雙眼睛對我行「注目禮」。那是我以英國版《柯夢波丹》（*Cosmopolitan*）雜誌總編輯的身分第一天上班的情形。我的新辦公室就像個大玻璃箱，三面皆是長寬各十二英尺（約三．六公尺）的玻璃，醒目地座落在樓面的中央。唯一一面水泥牆上有扇窗，可以看到下方熙來攘往的蘇活區街道，角落放著一張深藍色的舊沙發（那是備受愛戴的前任總編輯好心留下來的）。從三面玻璃牆望出去，會看到二十五張辦公桌，後方就坐著我的新團隊。直到二〇一五年那個晴朗的夏日早晨，我才真正確定他們要我擔任這個職務，但說實在，我也不是很確定自己想待在那兒。

才不過幾星期前，我在同一棟大樓裡、負責一份規模小很多的雜誌。那是我頭一回擔任總編，雖然雜誌的名稱《女性健康》（*Woman's Health*）平凡無奇，卻是一份深得我心的工作。回想三年前，我在一個密不透風的小房間裡，帶領著區區兩名手下，運用少得可憐的經費，好不容易才能出刊。這份工作不僅事多錢少，而且我們三個人必須合力在兩個月內把這份雜誌從無到有「生」出來；而且從創刊號開始，每一期的銷量都必須達到十萬本才能打平收支。要是沒達標呢？這本雜誌就會落得跟其它所有壯志未酬的女性雜誌一樣的下場——關門大吉。但最後，我仍孤注一擲，大膽接下這份挑戰，是因為我不覺得那會有多難。

沒想到，才做了三個星期，我就發現這工作豈是一個難字所能形容。名人根本懶得理會我們（通常經紀人接到我們的電話時，總是滿腹狐疑地問：『名字叫女性什麼？』）作家也不肯替我們撰稿（「我這輩子從未聽過這本雜誌……聽起來很像某種保健食品」），這下子就連我自己都有點懷疑，到時候我們真能準時出刊嗎？

沒想到，還真的出現奇蹟了，原本令我煩惱不已的三缺——缺錢、缺人手、缺時間——反倒成了助我們一飛衝天的最大推手。因為缺少資源，逼得我們只好天馬行空地發揮創意。當時，我們那股不擇手段的拚勁，恐怕只有走投無路的人才能理解（在此謹向所有的圖像版權代理公司、模特兒經紀公司，以及名流的經紀人致歉——請原諒我們的魯莽，我們是真的不知道自己幹了什麼好事。）我們之所以敢大膽啟用新手作家、新手攝影師，並嘗試以前所未見的嶄新手法（看起來很『小資』）來呈現我們的故事，純粹是因為傳統的作業方式很貴，我們負擔不起。

當創刊號在二〇一二年一月四日上市時，我們緊張得屏息以待；不到二十四小時，我們便陸續接獲各地傳來的銷售數字；接著是電郵，然後是來自喜愛這份成品的廣告商傳來的道賀簡訊：這本雜誌太有趣了！太搞怪了！它的內容很搞笑、完全跳脫健康雜誌內容枯燥乏味的刻板印象！到了月底一結算，我們一共賣出了十萬三千本，之後，數字還逐月上揚。我們甚至開始獲得各種獎項，更令人不敢置信的是，那年年底我們居然被譽為「十年來最成功的新出刊女性雜誌」。

到二〇一五年夏季時，我已經在《女性健康》雜誌待了三年又八個月。我們的團隊成員也擴增至十二人，而且彼此的關係猶如家人般緊密，我認識每位同事的全部家人，他們也都認識我的家人。其中有位同事甚至在英國二十五年來最冷、最多雪的冬天，開車載著我奔馳三百多公里去接我的小狗。工作上的一切終於開始讓我覺得順心如意了。

但此時，我卻接到一通電話，邀請我擔任英國版《柯夢波丹》的總編輯。

在此我必須先跟大家說明，為什麼這並不是個值得大肆慶賀的優差。當時，英國版《柯夢波丹》的狀況不大妙，它的讀者人口正日益流失。翻開雜誌的內容，我發現，它跟二十年前我頭一次拜讀時，並沒有多大的改變，而且繼續由同一位夫人替讀者解答個人問題——我可是從一九九〇年代就開始聽她教我們「遇到小弟弟軟掉該怎麼辦」；而且也繼續刊載著〈「口愛」的十個方法〉之類的文章（說真的，這年頭還有人提供這些「服務」嗎？）而且，中間折頁依舊是一張讓人看了很不舒服的裸男照片，原來是獲得真人實境秀《誰是接班人》（*The Apprentice*）第五名的參賽者。

它還是一本很棒的雜誌，這點無庸置疑，但它也需要大幅翻新，而且必須趕快進行。但重點是，我並不確定自己就是做這件事的正確人選。首先，我必須將業界最厲害且最受愛戴的總編輯取而代之，她不僅是我從業以來一直非常景仰的一位前輩，而且還被團隊成員當成自家老媽一般愛戴；其次，要做出真正的改變，我必須採取一些大刀闊斧的改革措施，而且我必須從上任第一天就獲得大家的支持，包括編輯團隊裡的每一個人，以及全球各地的忠實讀者。《柯夢波丹》是全球最大的女性媒體品牌，我可不想讓它葬送在我的手裡。

然而，在接到邀約的四十八小時後，我還是決定接下這份工作。為什麼？因為我需要有人推我一把，我需要重溫當年草創《女性健康》的頭幾個月那種全心投入的緊張刺激感，我需要有人推我進入我的不適圈（discomfort zone）。

以上就是整件事的來龍去脈。當我隻身一人進到我在《柯夢波丹》的玻璃辦公室，卻發現一件怪事。明明只是相隔幾層樓的距離，不知為何，我從前一個辦公室打包過來的箱子只送到了幾箱，至於其他的箱子，連同我原本的辦公桌，全在運送途中不知去向。唯一一件跟著我從《女性健康》一起來到這裡的物品，是個大而無當的立式辦公桌，而且我腳上還蹬著六吋的高跟鞋。

當我硬撐著痠麻的雙腿、隱隱作痛的背部，站在辦公桌後方往外看時，忽然覺得自己好可笑，我幹麼怕成這樣。因為在我眼裡看到的，並不是《柯夢波丹》的二十五人團隊，而是一頭充滿敵意的大怪獸；我的腦袋告訴我，沒有人歡迎我待在這兒，他們全都希望我幹不下去。

人腦其實是個令人費解的怪東西，因為它會說謊，它會找出一堆莫名其妙的想法，編出一個可怕的故事，只要一個不小心，你就會被這個可怕的故事嚇得屁滾尿流。我是在幾個星期前發現此事的，當時，我趁著就任新職之前休個短假。我住的那間飯店有座戶外泳池，裡頭有著碧綠的池水，就像莫內筆下描繪的蓮花池般美麗與寧靜。我每天早上都暗自發誓，今天一定要下去游個痛快！唯一的問題是：池水很冰，而且是那種會凍到身體直打哆嗦的程度。但是，我還是每天一早天剛亮就起床，勉強睜開惺忪的睡眼直奔泳池，火速脫掉我的睡袍，沿著池畔找尋適當的下水處。我會模仿美艷名廚奈潔拉把她的纖纖玉指放進一碗鮮奶油的招牌動作，非常慎重地把我的食指放進池裡試水溫，下一秒便像隻落敗母雞似地奔回房間。直到第三天，我連一圈都沒能游完。

後來，我終於頓悟了，問題出在我的大腦，它一口咬定我必須經過漫長且痛苦的掙扎，才可能在冷得像冰塊的泳池裡游泳，但我很清楚那是一派胡言，因為每天早上池裡都有五個人在游泳。說實話，我的確為了要不要換上泳裝有一番糾結，而且在我剛踏進泳池時，也真的會有一點不舒服；接著，則是那關鍵的一刻，我必須把整個身子沒入水中那個極不舒服的一刻，但在完成那個動作之後呢？挑戰就結束啦。

到了最後一天，我毫不遲疑地換上泳裝，並且意志堅定地走向泳池。我坐在池邊，伸出右腳浸入池裡，天啊，冰死人了。我咬緊牙關把身子慢慢往下滑，直到半個身子都浸入水中。接下來就是決定成敗的關鍵時刻，我的雙腿與臀部浸泡在酷寒的池水裡，但身體的其餘部分則仍享受著陽光的溫暖照拂。通常，我會像那樣站在池裡幾分鐘，為了兩條背道而馳的行動路線展開天人交戰：我該選擇輕鬆脫身還是迎戰痛苦呢？

但問題是，認為離開泳池是「輕鬆脫身」的想法，嚴格說起來並非實情，而是我的大腦捏造出來的假象。在那一刻，離開泳池跟把全身泡進水池裡，其實一樣不舒服；因為我不但要從泳池裡抽身，讓溼答答的身體曝露在空氣中，還要在其他四名泳客的面前落荒而逃，那才真是丟臉。反之，若是選擇「迎戰痛苦」，只須讓我的身體短暫忍受冰水的衝擊，所以最後我選擇了這條路，我在心中默數到三，然後憋住氣把全身沒入那不適之中。

我不記得過了多久，我的牙齒才不再冷到打顫，但我猜想應該只有幾秒鐘。強迫自己在冰水裡游泳的確非常痛苦，但那份不適感其實轉瞬間就過去了。事實上，我一開始游泳，所有的不適感便一掃而空，我只記得溫暖的陽光照射在水面上，以及服務生把一杯飲料放在我的躺椅上。那是我睽違數個月來，首次感到心情完全放鬆，而且對自己的表現引以為傲。

在我來到《柯夢波丹》的第一天，突然回想起當時的情景，有了那次的經驗，我告訴自己：痛苦不適忍一下就過去了。而且事情也的確如我所料，不論是我到任的第一天，還是第一個星期、或一整個月，辦公室裡皆未上演長期抗爭的戲碼。在我宣布我的激進改革計畫時，的確引起一些騷動，但是，只有在我跟每個人逐一面談、並且聽他們抱怨的那幾秒鐘不大痛快，而非整段對話都充滿火藥味。還有，就是在我告知某些成員的工作必須調整改進時，的確也有一些不適，但也只是在我跟對方解釋時的那幾分鐘而已。

總之，不適絕非我們以為的那樣糟糕，也不像我們以為的會持續很久，因為我從過往的經驗中學到這些道理：**不適並非常態，它很快就過去。不適並不會使你變弱，相反地，它會令你獲得力量**。只可惜，我是花了好多年的時間才明白這個道理，原來這些年我一次又一次被推入極不舒適的處境中——多半都非出於我自己的選擇——竟是為了悟出這個道理。

我曾為了一份糟糕的工作搬到異地生活（此事稍後會再詳述）；也曾在事先完全沒被照會的情況下，被拱上台對兩萬名觀眾「說幾句話」（我真的嚇到幾乎挫賽）；而且生平第一份記者工作差點就要被開除。但要不是被迫置身於這些痛苦不適的艱難處境，我就不會像今天一樣，心甘情願地讓自己置身於類似的困境；**勇敢面對困境不只幫助我明白自己是個什麼樣的人，更重要的是，它幫我明白自己擁有哪些能力，以及能夠努力成為我嚮往的那種人**。

「把吃苦當作吃補」就是我現在奉行不渝的真言，等各位明白抱持這種心態就能發揮你的真正潛能時，你也會很樂意這麼做。（還記得咱們小時候，爸媽整天在我們耳邊嘮叨，怪我們沒有「發揮全部的潛能」，當時，我們也在心裡嘀咕著：「潛能究竟是什麼？我怎麼知道自己是否已經發揮全部的潛能？」現在，我要告訴各位，勇敢踏進你的不適圈，就是發現與發揮潛能的最快途徑。）

想必有些人會覺得，這種話只有那些喜歡逆來順受的受虐狂才會認同，老實告訴各位，我是個再普通不過的女子，既非無所不能的神力女超人，爸媽也不曾為了栽培我「成為人上人」，而從小讓我「吃得苦中苦」。事實上，我這人非常「不耐操」，小時候，只要我媽離開托兒所去上班，我就會站在門後放聲尖叫；長大後，則是一遇到挫折，就會整晚把自己關在廁所裡（如果沒人來趕我的話）；而且，在我學會「把吃苦當吃補」之前，我是絕對不敢在一群人面前演講的。那現在呢？我已經可以輕鬆自在地應付上述場合，更棒的是，我甚至感覺樂在其中。所以，我敢跟各位拍胸脯保證：每個人都能學會輕鬆應付「不適」的方法，你當然也行。

忍過短暫的不適，迎來更長遠的舒適

其實，所有的痛苦與不適都是轉瞬即逝的。各位都知道蜜蠟除毛貼片吧？（男士們，請對這段內容視而不見，謝謝。）把它搓熱後貼在皮膚上，輕輕一撕，雜毛就清潔溜溜。不適也是這樣：雖然撕下的那一瞬間，會產生一點小小的刺痛與顫抖，但疼痛幾乎立刻就消退了。要在一大群人面前演講，只有走上講台之前的那一刻會覺得不舒服；呃，好啦，再加上你掃視台下觀眾的那三秒鐘，因為被一群人盯著看的確不好受。但之後呢？就沒事啦，因為一旦開講，所有的痛苦或困難全都被拋到腦後，你的大腦忙著處理眼前的狀況，根本無暇他顧。

不信的話，我再給各位另外一個例子，各位想必都曾遇過，你才剛開始嘗試某種新的斷食法，偏偏就會有位好心的同事拿塊蛋糕過來請你吃。看著眼前的美味蛋糕，你的口水就快滴下來了，你的痛苦在那短暫片刻達到了最高點；你必須在一秒內做出點頭或搖頭的決定，一旦你做出決定，而且蛋糕被帶離現場，你的大腦就會轉而處理其他事情。

我把這些令人苦惱的情況稱作「短暫的不適」（Brief Moments of discomfort）。

我認為任何人都能快速忘卻短暫的不適，畢竟，我們大多數人為了生活，每天都必須忍受短暫的不適；事實上，我敢說各位今天就遇上好幾次短暫不適，譬如下班應酬時，你明明很想再喝一杯，卻要忍痛說不，或是看不慣健身房的接待人員而起了口角——這些全都是短暫的不適。但差別在於，它們全是不請自來、而非你主動去招惹。各位可能會問，這有差嗎？差別可大囉。對於強加到我們身上的不適狀況，我們可能無法掌控，從而有可能導致令人擔心的後果。

反之，如果是你主動把不適攬到自己身上，你就可以帶著預先擬定的計畫做出因應。即便你突然發現自己已經遠離舒適區，並且身陷波濤洶湧的不適圈，只要你的手上有張明確的地圖，它就可能把你帶到神奇的結局。

我是從五年前開始實行我自己開發的這套123間歇心法，從此以後，它不只改變了我的生活方式，而且還提升了我的生活品質。**它讓我敢於冒險，不再因為瞻前顧後而嚇到什麼事都不敢做。也因為我敢於承擔那些看似「不舒適」的風險，為我打開了意想不到的新契機**。舉個例子：到世界各地做公開演講，現在已成為我的重要工作之一，這是我從來不曾想過的事，要不是當初我硬逼著自己進入不適圈，今天就不可能會有這樣的成果。

說了這麼多，123間歇心法究竟是什麼？它為什麼能改變你的人生？答案很簡單，123間歇心法是一道公式，任何人都可以用它來解決任何一種困境。這套心法並不複雜，所以不需要花時間和工夫就能記住。它是一個包含三個要點的簡單計畫，不管你遇到什麼樣的狀況，只要你覺得自己脫離了舒適圈，隨時可以用這套心法解決難題。而且你可以一輩子運用這套心法，但以我自己的經驗來說，我愈來愈不需要使用它了。因為你一旦開始使用123間歇心法後，你就會變得更強大、更有信心且更能掌控你的人生，真的很神奇。我知道這些話聽起來很像詐騙集團引人上鉤的吹噓話術，但我向各位保證，我說的都是真的。

第一步：承認恐懼，找出不適圈

從許多方面來說，這是整套心法中最困難的一步，因為你不能再假裝自己有能力「征服世界」（要是你真有那能耐，為何還未成功？）並坦承你對哪些事情感到害怕。**你必須找出你的舒適圈到哪裡為止，以及不適圈從哪裡開始**。這一步相當重要，因為光是發現你已經進入（或是被別人推入）不適圈，你恐怕就吃不消了。你覺得無法掌控局勢，所以你會倉促做出決定，而這些決定通常是錯誤且危險的。要是你因此而受到創傷，你肯定不想再試一次。（我們將會在第三章深入探討，創傷其實有可能產生正面的結果。）透過１２３間歇心法，你不僅清楚知道自己踏進不適圈的確切時刻，也知道身在不適圈的所有感受（心臟狂跳、手心冒汗、腸胃翻攪）。辨識、承認與理解這些生理反應是相當重要的，因為那是幫助你掌控它們的第一步。

第二步：找出令你感到不適的事

如果說第一步是要幫助你勇敢踏入不適圈，那麼第二步就是要讓你覺得待在那兒很舒適（還真夠諷刺的）。舒適有兩種，一種是死氣沉沉的舒適，像是長期待在一份沒有前途的工作，或是維持一潭死水般的戀情。死氣沉沉的舒適，就像二〇一二年流行的動物連身睡衣，我們整天穿著它在屋子裡閒晃，覺得非常愜意，直到某天赫然發現，我們的身心已經跟那隻動物「合為一體」了。要達到這種「舒適斃了」的境界，完全不需要思考、也不需要紀律，但最後，你也不會有任何的收穫。

另外一種則是生氣蓬勃的舒適，這是一種非常正向的存在狀態，而非懶洋洋的心態。生氣蓬勃的舒適意味著，安適自在地處於不舒適的狀況。誰不想要這樣呢？123間歇心法就是要教各位，不論遇到哪種困境，只要找出其中三種主要的不適狀況（超過三種的情況還蠻罕見的，這點稍後會詳述），然後設法解決。能有效解決不適的方法包括：開始演講前故意沉默四秒，以吸引聽眾的注意力（效果奇佳）；備妥一句萬用台詞，萬一你在工作面試時回答不出某個問題，便可立即派上用場（像我會這麼說：此時我無法回答這個問題，但是我會……〔在此插入一段轉移對方注意力的資訊，這樣你至少說了一些話，而不是當場愣住〕）。當你學會了123間歇心法，不管遇上什麼樣的未知狀況，你都不會驚慌失措。

第三步：化不適為安適

這是心法中最有趣的部分，因為你已認清不適的本質，所以已經沒有任何事情可以難得倒你。你將會在第三步認清一個重要的事實：不適的感受頂多持續幾毫秒而已。你會發現不適非但不具破壞性，反而是有建設性的；你會明白不適非但不會害你向下沉淪、反而會助你向上提升。最終，你將大徹大悟，你不再拚命躲避不適，而是會充滿活力的積極挑戰不適。

基本上，當你練就 123 間歇心法後，你會發現人生中沒有克服不了的挑戰，只有一些令你短暫不適的小考驗，很容易就能解決。哪怕再困難的處境，都只是幾秒鐘就會過去的短暫不適，絕非大腦刻意引導我們誤信的那麼巨大和可怕。我喜歡把不適看成是鍛鍊我們身心的「高強度間歇性訓練」（high-intensity interval training），等你認清不適根本沒什麼大不了的，你就會勇於面對任何事情，甚至還會開始享受不適的時刻。

對於生活中的每個挑戰，例如：大型演講的邀約、必須面對的衝突、必須出席的陌生派對……我都是用 123 間歇心法來面對。因為我知道再大的問題，都可以被拆解成三個簡單的「關鍵要點」逐一破解，讓我不再害怕挑戰。過去，我一遇到挑戰總是能躲就躲，若真的躲不掉，就只好提心吊膽地面對。但不適是躲不掉的，事實上，那些我們覺得無力應付的不適狀況，攸關著進步與成功。只要你學會了破解不適的祕訣，就能挑戰過去被視為不可能的任務，並且一路過關斬將，最後獲得驚人的成功。

化壓力為「助力」

二〇〇八年，全球經歷了一場猶如世界末日的巨變，先是全球最大的跨國銀行之一雷曼兄弟公司（Lehman Brothers）突然宣布破產，幾個月後，美國最大的知名保險公司之一美國國際集團（AIG）也傳出財務危機。金融世界的動盪把全球各地的工作、房產與人心一起拖下水。

當時，只要一打開電視新聞，就會看到垂頭喪氣的銀行家被帶離辦公室的畫面，這些傢伙犯下了大多數人根本搞不清楚的罪行（誰懂次級房貸、抵押債務債券這些鬼東西），害得許多美國家庭被趕出他們的住家。我永遠忘不了住在美國佛羅里達州的某戶人家，被迫從漂亮的西班牙式洋房裡搬出來，並且指著一輛休旅車，說這就是他們一家八口及三隻狗未來的落腳處。

現在，我們當然都知道二〇〇八年是金融危機的高峰，那是自一九三〇年代的經濟大蕭條之後、迄今災情最慘重的全球經濟衰退；但在當時，除了幹下不法勾當的銀行家之外，絕大多數人都無法想像，那些非法交易造成的損害有多嚴重、牽連的範圍有多廣泛。這或許就是為何美國史丹佛大學心理系的助理教授艾莉亞．克蘭姆（Dr. Alia Crum），以及正向心理學家暨《哈佛最受歡迎的快樂工作學》（*The Happiness Advantage*）一書的作者尚恩．艾柯爾（Shawn Achor），會找上瑞銀集團（UBS bank）的員工進行一項關於壓力效應的研究。

瑞銀在二〇〇八年的狀況很差，不僅全公司進行大規模的重組，而且聯邦調查局也對它涉嫌逃漏稅的行為展開大規模的調查。

當時的瑞銀行員的確是最適合進行壓力測試的研究對象，克蘭姆與艾柯爾一共找了四百名行員做為樣本，其中大多數是男性。他們被分成三組，第一組人被帶進會議室觀看一段影片，它把壓力描述成會腐蝕我們身心健康的有毒物質；第二組人看的影片，取材的角度完全相反：壓力能提升我們的工作表現。（第三組人則完全不須看影片，他們可能會很納悶，這研究到底在搞什麼飛機。）

一星期之後，他們再度召集這三組人馬，並請各組報告他們看影片的感想，以及是否對工作表現有影響。看了壓力有毒影片的人及完全沒看任何影片的人都表示，沒有任何改變。但是，看完壓力能提升工作表現之影片的人則表示，他們不但工作時更專注投入，就連健康也改善了。

其他實驗也呈現類似的結果，有個以老鼠做為實驗對象的知名研究顯示，當這些可憐的囓齒動物置身於短暫的不適壓力下（被短暫關在小籠子裡），它們的腦細胞竟暫時變大了。馬修．施雅德（Matthew Syed）所寫的《練習的力量》（*Bounce*）一書中則指出，人的心智和身體皆會對於「經過控制的適量不適」產生正面的反應。

像是超級馬拉松跑者，在經年累月忍受練跑的極度不適後，心臟變大了；至於職業舞者，則是長期練習把身體扭成各種「奇形怪狀」的姿勢，因而鍛鍊出近乎超人般的身體能力，雙腳能隨心所欲地扭成任何角度，這可是超級英雄才辦得到的；職業鋼琴家的手指，也比普通人靈活許多，能夠彈奏各種精采樂曲，這同樣也是長期逼自己挑戰更高難度練習而換來的成果。（有趣的是，他們大腦中負責手指運動的區塊，也比一般人大得多。）甚至有人認為，巴西之所以能培育出那麼多世界級的足球選手：球王比利、羅納爾迪尼奧、羅納度、加林查……名單長到寫不完，是因為巴西的球員從小就接受「魔鬼訓練」，他們不像其他國家的小球員，是用較輕的皮質足球在柔軟的草地上練習，而是踢所謂的五人制足球（futsal）。

五人制足球本就比較困難，再加上大多數巴西孩童是赤腳上場，其不適程度可想而知。這是一種在硬地上進行的快速運動，不但進球區比較小，球體也比一般足球更硬、更重且彈跳力差了三成，那意味著球員在射門時必須更靈活、更有創意且更有技巧。當一群孩子同意玩五人制足球時，就表示他們願意讓自己的身心進入不適圈，結果如何呢？巴西贏得世界盃冠軍的次數，勝過地表上其他任何一個國家。

過去，我們一直被洗腦，認為「不適」只會帶來壓力，所以是我們的大敵。但其實，只要懂得正確駕馭「不適」，就可以產生巨大的優勢和功效。不論是職業運動員，還是赤腳踢足球的巴西幼童，都讓我們見識到：**一個人能否超凡入聖，就看他能否承受適度的壓力**。

可惜，這個想法並未獲得多數人的支持。（再加上由我這個曾經擔任健康雜誌總編的人來提出這個想法，就更沒說服力了。）我們正活在一個充滿「壓力」的年代，每個人都有壓力；隨口問問任何一個人這週過得如何，對方很可能會提到壓力一詞。研究也告訴我們，年輕人的壓力大過年長者；女性的壓力大過男性；如果你住在英國，且是年齡介於十八至二十四歲的女性，你會是壓力最大的一個族群。

但有沒有可能，我們其實錯怪壓力帶來的不適？我們為了要保護自己免受壓力的傷害，甚至打造了一個龐大的抗壓產業。過去二十五年來，我們不但把壓力制度化與病理化，還用漂亮的藍色緞帶，把不准上網與各種宣稱能夠消除壓力的神奇訊息，包裝成高檔的靜修活動賣回給我們自己。對於我們遇到的每一個挑戰，以及出現在人生路上的每一個障礙，我們都會給它貼上一個診斷標籤：壓力。

結果就是：我們對壓力敬而遠之。壓力是有毒的，它會屠殺你的腦細胞、破壞你的免疫系統；壓力會使你的心臟像原始部落的戰鼓般激烈狂跳、讓你的內臟浸泡在壓力荷爾蒙皮質醇當中。你的血壓會飆高、頭髮會變白變稀疏。壓力會戕害你的身體和心靈，使你的身心像人行道上被踩扁的口香糖一樣乾癟和破碎。

我們還打造了一種文化，讓我們跟任何看似有害或可能產生壓力的事物絕緣，這就是為什麼學校仍然會頒獎給第一名、第二名，以及最後一名。老師也改用粉紅色的筆來批改孩童的作業，因為紅筆讓人聯想到失敗，有可能會傷到孩子幼小的心靈。

就連大學裡也開始出現一些稱之為「安全空間」（safe space）的奇怪區域，在這裡你絕不會聽到令人不愉快的談話或是不一樣的觀點。坊間還出現大量給成年人用來「紓壓」的著色本，至於耐吉（Nike）與優步（UBER），更提供員工「午睡時間」，來幫忙紓解辦公室的緊張情緒。

如果，以上這些措施仍然無法消除你的壓力，那麼，把辦公室「谷歌化」（Googlefication）或許能幫上忙，把冷冰冰的主管辦公桌，換成能夠「徹底放鬆」的懶骨頭沙發區；把「可怕的」會議桌，換成討喜的乒乓球桌；就連實用的內部樓梯，也被換成「大型溜滑梯」，好讓那些壓力破表的大人，能像超齡的學步期幼兒從上面滑下來。

如果，辦公室的種種紓壓設備，仍舊無法消除你的壓力，那麼專門規劃休閒活動的公司肯定幫得上忙。就像爸媽沒收壞小孩的玩具一樣，他們會拿走你的手機，替你安排一個「徹底消除壓力」的假期，以及各種充滿青春活力的娛樂活動，例如：拔河比賽、咬蘋果（apple bobbing，用牙齒把放在水盆裡的蘋果咬出來者為贏）及KTV夜唱。（這活動真的在美國東岸很風行，身心俱疲的紐約人特愛。）

但要是我們搞錯了呢？其實，我們需要承受適當的壓力？因為人體其實是很耐操的，事實上，它**在某些壓力狀態下反倒能有更好的表現。人體非但不會被不適擊垮，而且還能翱翔其中**。

回顧人類還在洞穴中隨手塗鴉、茹毛飲血，並且戴著骨頭項鍊的那個時候，我們可是幾乎一整天都處於高度警戒的狀態。這是我們的祖先及祖先的祖先所開發出來的環境。生活是很辛苦的，不適乃是常態。我們靠狩獵與採集食物維生，活在一個經常吃不飽的世界裡，隨時有可能被低溫凍死，或是被體型有我們五倍大的動物攻擊；我們為了覓食、保暖與不受傷害，必須歷經千辛萬苦。人類就像這樣存活了數千年，因此，演化為我們打造了一副能夠每天因應壓力和不適的強大身心做為獎勵。

但是，現代生活逐漸去除了這些壓力源，並稱之為是進步。現代西方世界裡，不但有二十四小時不打烊的餐廳，而且你只須動動手指，就可以買到預先剁好、煮好，甚至預先消化好（predigested）的肉品（我沒亂說，真的有這種東西），還有專人宅配到你家。天氣太熱我們可以開冷氣、天氣太冷就開暖氣。包括谷歌、亞馬遜及蘋果，都已推出好用的智能音箱（谷歌的Home、亞馬遜的Echo、蘋果的HomePod）；這些聰明的AI小幫手，就坐在廚房的料理檯上或是臥室的床頭櫃上，等著我們使喚。「艾莉莎（Alexa，亞馬遜推出的智能助理），換個電台來聽聽」「Google，做個義式檸檬蛋白派要放多少公克的糖？」我正等著有人發明一台能幫人尿尿的機器人，還希望……（懶人妄想無限）。

但問題是，進步一方面提升了我們，卻也同時限制了我們；我們絞盡腦汁想要去除生活中的壓力，真的是到「拚了老命」的地步，現代人所面臨的重大健康挑戰：肥胖、糖尿病、高血壓及慢性發炎，全都是因為我們極力不讓自己的身體與心靈承受它們本該承受的壓力而產生的結果。本書要呼籲正是大家覺得難以接受的觀念：**我們應當擁抱不適，把吃苦當作吃補，而不是一直躲在舒適圈裡。我們必須把不適當成日常生活的一部分，並且逼自己進入不適圈，這樣我們才能測試與拓展自己的能力，並感受到我們真的活著**。

成功人士都明白這個道理，各位如果不同意，請指出檯面上有哪一位成功人士，曾主張他是因為從不踏出「舒適圈」而獲得成功的；那我就會用實例告訴各位，此人其實並不像他自以為的那麼成功。那些備受世人尊敬的領導者、運動員與政治人物，一生中大多數時間都是活在不適圈裡。恐怖小說之王史蒂芬．金（Stephen King）、美國脫口秀天后歐普拉（Oprah Winfrey）、《哈利波特》作者J．K．羅琳（J. K. Rowling）、美國饒舌歌手傑斯（Jay-Z）等人都是在被迫進入不適圈後，才開始獲得真正的成功。（歐普拉生平第一份工作就慘遭開除；史蒂芬．金和羅琳剛開始寫作時，作品也不受出版社青睞；曾經擔任藥頭的傑斯，也是因為沒人要簽下他，而不得不自己開一家唱片公司。）他們全都是拜不適之賜，才發現了改變其一生的神奇魔法。傑斯便曾表示：「比起成功，失敗能讓人學到更多東西。」我完全同意他的說法。

我在本書中訪談多位領導者、金牌運動員，以及各界的卓越人士；他們當然都擁有出色的技能，但他們獲得成功的真正祕訣在於，勇於面對不適而非拚命逃避。從那位改變了現代人約會方式的二十六歲輟學青年，到拯救數十條人命的英勇女消防員，他們每一個人都將告訴各位，他們是如何日復一日、從早到晚踏入不適圈，從而獲得驚人的成就。只要各位願意效法他們的精神，並**採用 123 間歇心法，你不只能做出更棒的決定與更勇敢的抉擇，最終還能活出更快樂且更有意義的人生。學會如何踏入你的不適圈，進而把不適化為自在安適，就是能讓各位脫胎換骨的一帖仙丹妙藥。**

第1章

原來有這些反應就是進到不適圈

當腎上腺素飆升時，你有多自在？你會像在起跑線上蓄勢待發的運動員一樣，準備好迎接它呢？或是你會非常害怕，並把自己反鎖在廁所裡，等到事過境遷再「出關」？還是會在心中暗自發誓，以後死都不會再面對它？抑或者，你是那種一緊張就會心臟狂跳、胃部翻攪的人，會想辦法避開所有可能發生這種狀況的場合？

我小時候曾是個短跑好手，連班上的男生都跑不過我。每逢週二和週四的晚上，我都會硬拉著疲憊不堪的老媽，到附近的運動場看我練跑。練習真的好開心，我像隻松鼠般蹲在起跑線上，滿腦子只想著打破我上回的最佳記錄（一百公尺跑十四秒二，以一個連捲筒衛生紙都不會更換的十二歲女童來說，這樣的成績挺不錯的。）跑步算是我的特長，就連教練也誇我有「潛能」，而且是相當有潛能。

很多人都說，我將來肯定會成為地區代表隊的一員，之後呢？誰知道？說不定能入選英國國家代表隊吧。夜裡當我躺在床上，我會想像自己站在領獎台上，不停搖晃著紅白藍三色彩帶下吊掛的金牌供記者拍照，然後接受英國知名體育主播布蘭登・佛斯特（Brendan Foster）的訪問。唯一的問題是：我沒法在真正比賽時發揮實力。

每當比賽的前一晚，我的身體就會開始出現各種「異狀」：喉嚨很乾，胃像是挨了拳王泰森的一記重拳似地絞在一起。到了比賽當天早上，情況更為嚴重，我一起床就覺得天旋地轉，鏡子裡的我一臉病懨懨的模樣。終於到了上場時間，我只能眼睜睜地看著其他孩子，活力十足地踢腿暖身，而我則像個大勢已去的倒楣鬼。我搖搖晃晃地走向起跑線，身上的每個細胞都在顫抖，心中拚命祈禱比賽趕快結束。而事情也的確如我所願，在鳴槍起跑的十五秒後，我以第四或第五名的成績抵達終點，跑出有史以來最慢的記錄。我快速穿上外套，走向張開雙臂迎接我的媽媽，然後一聲不響地坐進汽車的後座。我媽會播放英國流行樂團《就是紅》（*Simply Red*）的歌，蜷縮在後座的我，則趁著主唱米克．哈克諾（Mick Hucknall）飆高音時低聲啜泣。到了十三歲，也就是我能否名留青史的重要分水嶺，我毅然決然地放棄跑步了。

我的問題出在，我被不適整垮了，毫無招架之力。當時的我並不明白，當腎上腺素開始飆升時，我的身體會產生什麼樣的反應，當然，也沒有人教我遇到這種情況時該怎麼辦。我以為我的喉嚨乾癢、胃痛，以及在起跑線上渾身發抖，是因為我的身體還沒準備好要大展身手；我以為我無力對付它，因為我不是「那塊料」。雖然，我曾聽大人提過，大型比賽之前，每個人都會「緊張」，但從來沒有人告訴我，那會是什麼樣的感覺。

沒有人花時間向我說明，「緊張」有可能是件好事。我不認為有人知道，（畢竟當時是一九八〇年代後期，大家也不知道身上塗炒菜油去晒日光浴是件壞事）腎上腺素飆升並非叫我停止跑步，而是示意我該開跑了。伴隨腎上腺素飆升而來的各種不適，正是代表我的身體準備好要行動了。但是，當我單膝跪在起跑線上，兩條腿像鈴鼓般抖個不停時，其實已經過了腎上腺素分泌的高峰。我的身體沒能運用不適所帶來的力量，而是被不適徹底擊垮，一切就在那一刻結束了。

所以，在這一章中，我將告訴各位如何「在不適中感到安適」。各位將會明白，你在工作面試或是向上司做簡報的重要場合中出現的不適，都是暗示你已經準備就緒的訊號，你就儘管大顯身手吧。我保證，各位很快就能學會用安適自在的心情，面對種種不適感受，就如同你在酒吧裡，酒保攪拌了你點的馬丁尼而不是用搖的（出自〇〇七電影中龐德的招牌台詞），你仍能平心靜氣地啜飲它。因為如果你是那種想要盡展所長、想要感受與測試自己是何方神聖的人，那你就必須學會「化不適為安適」，想要讓自己發揮全部的潛能，當然就更要做到。

人說「不入虎穴，焉得虎子」，意思是要敢冒最大的風險，才有可能獲得最大的回報；但問題是，那些風險多半伴隨著一些不適的感受，令你質疑自己是否夠堅強，能夠通過一切考驗。但只要你能正確理解與駕馭這些不適感，它們就會成為你最強大的盟友；因為說穿了，它們只不過是腎上腺素罷了，當你搞懂這一點，還怕對付不了它嗎？不論是重量級的政治人物或職業運動員，他們每個人都曾經歷過腎上腺素飆升時、那種緊張刺激的特殊感受。而我們一般人跟這些人的差別在於，他們知道**要是沒有腎上腺素飆升的幫助，就無法做出揚名立萬的偉大突破；除非你也明白這個道理，否則你只能繼續當個平凡的普通人**。

甘地、巴菲特、葛萊美獎得主……都曾被不適嚇癱

現在，我就來說明腎上腺素是什麼，以及當它飆升時會發生什麼狀況。它是一種非人為的自然感受，這種天生本能是為了要幫助我們度過危機，例如：當我們聽到響亮的噪音而感覺不適時，腎上腺素就會令我們跑開。我所說的有害噪音就像是聖誕節時，不請自來的大嗓門遠親（他們難道沒收到謝絕拜訪的通知嗎？去年安迪叔叔可是火力全開、痛罵那位害他失業的上司長達四小時，不曉得那人還活著嗎？）還有百貨公司週年慶開賣時的瘋狂搶購人潮，也會害我們腎上腺素飆升。

雖然腎上腺素是我們的救星，但問題是腎上腺素飆升時，身體的反應並不好受，有些人抱怨他們覺得頭暈，有些人則會覺得想吐。我嗎？我想上廁所，拉個痛快。還有些人更慘，他們的身體會「整組壞去」，變得呆若木雞、動彈不得，全身彷彿凍住了；腦袋像是吐光代幣的吃角子老虎機，變得空空如也，不留任何感受和訊息。這就是腎上腺素飆過了頭，演變成恐慌攻擊。幸好，發生這種狀況的機率極低；但它有可能在任何時候襲擊任何人，而且只要發生過一次，再發生的可能性是相當高的。

有人把這種情況稱作怯場，我把它稱作「被不適嚇癱」（discomfort paralysis），因為它真的造成當事人不知所措，完全沒法反應。這麼重大的挫折與感官崩潰，有可能在當事人心中留下一道傷痕久久不癒，甚至影響終生。

舉個實例：演技備受讚譽的英國知名影星丹尼爾・戴・路易斯（Daniel Day-Lewis），曾經三度獲得奧斯卡最佳男主角獎。他年輕時不明白自己的演技有多厲害，居然一度想放棄演戲，改行當個木匠（這是真的），幸好後來還是回歸「正途」。但他一九八九年在倫敦國家劇院演出舞台劇《哈姆雷特》時，中途突然「凍住」，最後只好黯然步下舞台，而且再也沒有回來。他沒料到在一群現場觀眾面前表演，壓力會這麼大，從那次之後，他再也不演舞台劇了。他說那個晚上的狀況害他心情「糟透了」，並因此移居愛爾蘭的偏鄉，他的情況就是我所說的「被不適嚇癱了」。

另一位英國知名演員史蒂芬．佛萊（Stephen Fry）的反應更激烈，他為了避開在現場觀眾面前表演的巨大壓力，乾脆搬離英國。（他曾對怯場做出相當傳神的描述，說那就像是被觀眾看出「你腦袋裡有根軟掉的小雞雞」。）另一位英國的影壇巨星勞倫斯．奧立佛（Laurence Olivier）也曾在五、六十歲的年紀出現怯場情況，而且不時就發作一下。（順帶一提，這種情況有可能在你人生中的任何一個時間點突然侵襲，所以即便你現在沒事，並不保證未來一定能高枕無憂。）曾經榮獲葛萊美獎的美國創作歌手卡莉．賽門（Carly Simon），也曾長達六年不辦現場演唱，因為那種場合令她覺得非常不適。

要是我們列出曾在職業生涯中「被不適嚇癱」的名單，那名單不但長得不得了，而且涵蓋各行各業：印度聖雄甘地（Gandhi）、美國第三任總統湯瑪斯．傑佛遜（Thomas Jefferson）、股神巴菲特（Warren Edward Buffett）、美國女高音芮妮．弗萊明（Renée Fleming）、美國演員貝蒂．蜜勒（Bette Midler）、英國歌手愛黛兒（Adele）。幸好他們每一位都撐了過來，並且繼續在其專業領域中打拚，進而成為箇中翹楚。那他們成功的祕訣是什麼呢？想要了解原由，各位必須先知道，當初他們為什麼會「被不適嚇癱」。

假設你即將上台在一大群人面前說話，譬如在朋友的婚禮上致詞，或是代表大家向一位即將離職的同事說些祝福的話。表面上看來這些差事似乎很簡單，並非攸關生死的任務，那為什麼你會覺得反胃想吐？為什麼在你即將上台說話的那一刻，你會覺得全身僵硬、手足無措？

就如我之前說過的，人在遇到壓力時，身體會進入打鬥或逃跑模式。相信大多數人都明白為什麼會這樣：當你遇到可怕的事物時，必須立刻決定是要快速逃走，或是留下來跟對方拚鬥。但除此之外，其實，還有大多數人幾乎都曾感受過、卻未多加注意的第三種反應：靜止不動（freezing）。

靜止不動與「被不適嚇癱了」息息相關，在那當下，你突然喪失所有的能力、想法、感受，甚至連開口說話都辦不到。你只能呆站著不動，不但眼皮沒法眨一下，就連喉嚨也發不出一絲聲音。時間彷彿過了好幾世紀那麼久（其實，頂多過了幾秒），一切都搞砸了。你或許曾看過表演者在舞台上「被不適嚇癱了」，你會發現他們的眼睛瞪得好大，嘴巴也張得開開的，身體像隻狐獴似的站直不動。不僅當事人感到難受，就連看的人也不忍心，所有人都會立刻失去信心。

我把整個過程摘要說明：**當你遇到生死交關的危險狀況時，你會先暫時靜止不動數毫秒，評估當下的狀況後，再決定你應該要奮戰或是該逃跑**。你的眼睛之所以會張得比平常大，是為了收集周遭所有訊息；你的嘴巴之所以會張開，是因為準備隨時發出尖叫或怒吼；至於你會看似站著不動，其實是在保存能量，以便一鼓作氣進行下一個動作。這正是人類因應可怕狀況的一種聰明的演化反應。但有時候，那幾毫秒會延長為幾秒，然後又過了好幾秒，結果在不知不覺間，你就「被不適嚇癱了」，並且很難回過神來。

為什麼會發生這種事？有人歸咎於因為現代生活中，我們不必再為了任何迫在眉睫的危險而擔心（沒有野獸會突然打爛我們的土屋），於是轉而為了我們認為可能有危險的事物而擔心操煩。換言之，我們變得杞人憂天，害得大腦中負責處理恐懼和預測的杏仁核忙個不停，麻煩也應運而生。有什麼方法可以阻止這種現象？我們能夠憑藉意志力避免「被不適嚇癱」嗎？如果答案是肯定的，多快能做到？

我們大多數人這一生中都曾考過試，在我小的時候，考試成績決定一切，即便你一整年都表現優異，卻在大考的時候栽了跟頭，那你就完蛋了。你會念名校還是進學店，全都由你在考場的表現決定，那真的就是所謂的「一試定終生」。儘管後來學校的課程及考試方法都有改變，但考試仍在每個人的教育中佔有一席之地。我個人也傾向於認為那並沒有什麼不對，因為在你的人生當中，總是會遇上壓力很大、感覺非常不舒適的場合，而且你只有極短的時間讓別人留下好印象，所以，各位若能愈早學會如何因應這種狀況，其實對你愈有利。

而考場外更是最適合觀察腎上腺素飆升會造成什麼反應的地點。你會看到各式各樣的姿勢，有些學生會緊張到直吞口水，像頭待宰羔羊似的全身顫抖著仰望天際，誠心向神明祈求考試順利。另一些學生則完全相反，他們抬頭挺胸、像是準備出征的戰士。其實，這兩組學生都受到腎上腺素的影響，只不過受影響的程度略有不同罷了。第一組學生把考試視為威脅，所以緊張地像是要被送上斷頭台，在此狀態下，他們的大腦會聯想到一連串的可怕結果：要是考砸了該怎麼辦？要是試題沒答完怎麼辦？要是出了我剛好沒準備的問題該怎麼辦？（是不是覺得很眼熟？我的求學過程就像這樣。）

但另外一組學生，卻是把考試視為挑戰，他們雖然也會害怕、但更多的是興奮，他們迫不及待想要迎接挑戰。他們正處於研究人員所說的「挑戰心態」（challenge state）：**荷爾蒙活化了大腦的報償中心抑制了恐懼，所以你會充滿活力而且躍躍欲試。**

除此之外，**你的血管和肺部皆會擴張，讓更多氧氣進入血液中，幫助你更快做出更明智的決定**。換言之，你彷彿全身燃起熊熊烈火，準備好要對付眼前的任何挑戰。

我知道各位心裡在想什麼：這種能力是天生的啦，不是嗎？有些人天生就能把困境視為挑戰，但是，我們其他絕大多數人，就是會被困境擊垮。確實如此，有些人的確得天獨厚，天生就很擅於因應困境；我們其他人則可以透過學習培養這種能力，等我們具備這種能力之後，就會懂得如何因應那些會令腎上腺素飆升的場合。本書的內容就是要告訴各位這些方法，有興趣嗎？請聽我慢慢道來。

用正向心態面對壓力和困境，提升身心表現

美國羅徹斯特大學社會心理學家傑瑞米．傑邁森（Jeremy Jamieson）指出，當人們說：「我壓力好大。」它基本上是指：「我表現得不夠優。」而非：「我很興奮，因為我腦部的血流增加了。」傑邁森是位長期研究壓力的專家，他想了解：對壓力和困境賦予新的名稱，是否會提升我們的表現。

學術研究顯示，對於那些感覺焦慮的人，說些正面的鼓勵性話語後，他們每分鐘的血流平均增加了將近半公升。各位或許會認為，那又怎樣？其實，這個數字相當驚人，因為那意味著只要改以正面心態看待某個情況，就能讓更多氧氣與能量在你的體內循環。如此一來，你的心情會變得比較平靜，從而表現得更好。不過，這已經不是什麼祕密了，世界上最厲害的運動員早就知道此事。

金牌選手：緊張是成功的必經過程

維多莉亞．潘德頓（Victoria Pendleton）絕非膽小鬼，因為她的工作不容許她膽怯。她是英國有史以來最優秀的女性運動員之一，曾九度獲得世界大賽冠軍，並贏得兩面奧運金牌。對於這位有史以來最有才華的職業自行車選手，英國老鄉都誇她是：「國寶」。她的前半生完全奉獻給自行車運動，並讓愈來愈多人愛上這項賽事。

當她在二〇一二年宣布退休時，世人都以為她會跟其他眾多前輩一樣，在球評椅上度過餘生。按照我們一般人的想法，退休後享清福不是很好嗎？再也不必拚命練習，再也不用控制飲食，更不必在大賽前夕被媒體追著跑或是擔心表現不佳。但這樣就太小看她了，這位叱吒自行車壇的奇女子，居然在即將邁入三十四歲的二〇一五年，接下一項令人瞠目結舌的挑戰。當時，退休還不滿四年的她，生活過得多采多姿，她參加過英國電視舞蹈比賽《舞動奇蹟》（*Strictly Come Dancing*，會邀請體育明星或媒體名人，與專業舞者配對表演，由觀眾投票逐步淘汰，最後產生冠軍）；拍過多支廣告片（潘婷洗髮精、哈維斯麵包）；還推出一系列暢銷的個人品牌自行車；當然，她也沒浪費天生才華，當了自行車比賽的評論員。

某天早上，她在候機室等著搭機前往紐西蘭時，收到一個「極不尋常的提案」，那是一位線上的賽馬賭注登記人提出的挑戰，他邀請潘德頓參加二〇一六年英國切爾勝漢姆賽馬節（Cheltenham Festival）的「獵狐者追逐賽」（Foxhunter Chase）。

切爾勝漢姆賽馬節是全球最知名且最盛大的馬賽之一，在最後一天舉行的「獵狐者追逐賽」，是個全程三英里（約四．八公里）的障礙賽，參賽的馬匹必須躍過二十二種不同的障礙，這個比賽相當精采好看，但要參加競技可沒那麼簡單。

潘德頓看了一下日期，當時距離比賽還有十三個月，但她這輩子從未騎過馬。除此之外，還有其他事情需要考慮，包括賽馬界相當保守，豈會隨便讓外人進來「撒野」。

況且，她將要在數萬人面前，跟全英國賽馬界最厲害的騎師一較高下，失敗的風險可是極高的；要是不小心受重傷，說不定還會喪命，她當真要「躍入」這不適圈嗎？

她廣泛徵詢各方的意見，最常聽到的回答就是「太瘋狂了」、「那很危險」，一位有經驗的騎師告訴她：「到妳這個年紀才開始學騎馬都嫌晚了，更何況是賽馬。」但潘德頓可沒那麼容易就被勸退，她早就習慣別人的唱衰了。像她這樣一個身材嬌小、且來自鄉下（距離倫敦六十英里〔約九十六公里〕的貝福德郡，人口約十多萬）的年輕女性，大多數人根本不把她放在眼裡。就拿競輪賽（keirin）來說吧，參賽者的理想體型要像舉重選手一樣，所以她便被嫌棄「不夠粗壯」；還有人批評她「太像小女生」，因為她很愛化妝與買衣服，總是把自己打扮得美美的。她的所有表現，徹底顛覆了眾人對超級運動員的刻板印象。

言歸正傳，某天她決定親自前往賽馬場一探究竟，她開車到離家不遠的一處賽馬場，發現整座馬場被濃霧籠罩，什麼也看不見，她只能「聽音辨位」：賽道上有六匹馬在奔馳，重重的馬蹄落在地上，連地面都為之震動。她在那兒一直待到黃昏，最後馬兒終於現身，在暮色的襯托下，那景色美得像法國印象派畫家馬奈（Édouard Manet）的畫作。

她告訴我：「聽到馬兒朝你狂奔而來的雜沓聲，真的很令人亢奮；你的心撲通狂跳、腎上腺素狂飆、頸後的汗毛豎起。那種感覺我可熟悉了，而且我並不討厭，我過去的經驗讓我對這種情況感覺很舒適，你就是需要那樣的刺激，才能讓身心都處於最佳狀態。」

幾星期後，她跟對方簽下合約。

她為什麼要這麼做？為什麼在逼自己身處不適圈多年後、在一場又一場的比賽之後，她竟選擇重披戰袍，而且還是參加她幾乎完全陌生的運動？她之所以決定這麼做，是因為她明白「在不適中感到安適，一點都不難」。潘德頓這輩子都在比賽，所以，她很清楚大賽前那種提心吊膽的緊張感，她知道自己的心跳節奏，她明白那是獲得成功必經的過程。

她告訴我：「老實說，我從小就發現比賽真的很可怕而且很難受，即便到現在，我在職業生涯中，還是有過幾次痛苦到差點比不下去的經歷，因為我實在太想贏了。但既然是比賽，你就一定會經歷那些不適，你會想要擁有它，那是一種天生本能。你的身體用它來照顧你，但你無法控制它，你只需要更懂它、熟悉它。」

換言之，你必須學會在不適中感到安適，否則你就會「被不適嚇癱」。方法之一就是把不適的感受，看成是你的助力而非阻力。潘德頓表示：「我認為你必須重新定義它，因為如果你感到害怕，並且屈服於它，那麼大多數時候你會被嚇到手足無措。運動比賽一向準時開始，你只須就定位即可。在比賽正式開始前的最後幾分鐘，我會試著讓心跳放緩；我不能任憑心臟狂跳、彷彿下一秒就會炸開，所以我會告訴自己：**保持冷靜，好好體會這感受。說服自己你需要它，你需要那份刺激，才能快速反應並做出正確的決定**。你必須讓自己覺得：『放馬過來吧，我已經準備好了。』而不是：『天啊，我好想上廁所，我快陷入恐慌了，我的心都要跳出來了。我的胃裡好像有一千隻蝴蝶在飛，我隨時都會病倒。』你必須辨識那些感受、並接受它，你很清楚自己其實是需要它的。」

就跟大多數世界級的運動員一樣，潘德頓應對「不適」的能力，已達爐火純青的地步，當她談到各種不適感受時，簡直就像自我介紹那般如數家珍。她會清楚形容她的肌膚是何等刺痛、心又是如何狂跳，感覺就像一股「急流」幾乎要將她整個人淹沒。當她了解自己的身體會如何反應（並且重複經歷這種感受），她就不會被狂飆的腎上腺素嚇到。當狂飆的腎上腺素在我們毫無防備的狀況下襲捲而來時，我們就會被嚇到手足無措，丹尼爾．戴．路易斯就是在那種狀況下「被不適嚇癱」的。

勇敢迎戰的挑戰心態

各位可還記得那些抱持挑戰心態步入考場的學生嗎？那就是下回各位面對重大會議、演講、任何令你擔心的大事之前，必須到達的境界。運動心理學家把它稱作「挑戰心態」，潘德頓則形容，她在比賽前會抱持「放馬過來吧」的心態，那我們一般人該如何達到那樣的境界呢？

運動心理學家指出，你需要具備以下三件事才能達到「挑戰心態」。

一、**感覺自己有能力掌控局勢**

二、**相信自己（此乃小事一樁）**

三、**相信最後一定能夠獲得正面的結果（你是下定決心想要做出最佳表現？還是只求不要墊底就行了？）**

具體且詳細的成功預想，做好心理準備

俗話說「心想事成」，偉大的領導者與優秀的表演者都懂這個道理，所以他們會在腦中「預想」（visualization）自己順利通過各種艱難的挑戰。他們會在事情成功之前，便早早想像結果會是什麼模樣，我把它稱作「心想事成的蒙太奇短片」（montaging），有點像是在腦中重複播放一支集結了你人生最精采時刻的短片。（我們年輕時很愛在腦中幻想，自己跟心儀的對象共度各種浪漫到不行的美好時光，哪知真的跟對方約會時，才發現他們其實很無趣。）

假設你接到某公司的面試通知，那你就開始想像一個成功的面試過程，例如：你面帶微笑走進會議室，坐在正確的位子上，對方對你的履歷相當滿意，而且不管對方提出多爛的問題，你都能快速說出得體的回答。當你結束面試要離開時，對方會看著你的眼睛、握住你的手，並且誠心誠意地對你說：「我們會再跟你連繫。」基本上你已經得到這份工作了。

可惜，我們大多數人都反其道而行，我們拚命「心想事不會成」。我們把每件事都「負面化」，腦袋裡淨想著可能會發生的倒楣事。我們預想自己一進門就被絆倒，

並且坐錯位子，遇到刁鑽的問題，就「被不適嚇癱」。面試結束要離開時，自己已經心裡有數，對方恐怕是「謝謝再聯絡」了。因為打從我們進來的那一刻，到我們要離開為止，這場面試基本上已經搞砸了。

心想事成短片的威力很強，如果我們在腦中預想各種災難性的倒楣狀況，會使我們的「腎上腺素反應」變得更嚴重。因為我們的大腦一直想著可能犯下的各種錯誤，導致我們的心跳加快、掌心爆汗，且變得更加恐慌，進而造成手足無措、呆若木雞，最終搞砸一切。為什麼會這樣？因為你的腦中預測未來會很慘的那個部分，引起了壓力反應——這種反應基本上會害你陷入崩潰，更糟的是，那意味著你無法好好應付當下的情況。

幸好，這種情況是可以避免的，而且非常簡單，你只須凡事都往好的方面去想就行了，你的身體自然而然會跟著改變。

就以曾經擔任英格蘭足球代表隊隊長的足球明星韋恩・魯尼（Wayne Rooney）為例，他在擔任曼聯隊的隊長時，每一場比賽前，他都會詢問整備員（kit man），翌日球隊會穿什麼顏色的球衣上場。他為什麼要這麼做？因為那能幫助他做出精確的「預想」，他每多加進一個細節，都會影響他的表現。他曾在受訪時表示：「我會在比賽前一晚躺在床上，腦中想著隔天我將表現優異並且進球得分。這麼做是為了讓自己預先體驗那一刻，讓自己在比賽前做好準備。」魯尼坦承他從小就開始這麼做，他很幸運擁有這份直覺，因為這正是運動心理學家與教練們多年來一直教導學生做的事。

曾在奧運與世界田徑錦標賽勇奪女子七項全能金牌的英國女子田徑運動員潔西卡・艾妮斯・希爾（Jessica Ennis-Hill）也表示，她會在大型比賽前，在腦中反覆演練她的技巧，希望能讓她的體能有更好的表現。大家都知道英國網球好手安迪・墨瑞（Andy Murray）在參加溫布頓大賽時，會在賽前來到空無一人的中央球場，並且坐在那裡預想自己擊球過網的英姿。英國橄欖球好手強尼・威金森（Jonny Wilkinson）的做法更高竿，他會在賽前打造一個多重感官的心像（mental image）：「直到比賽當天早上起床之前，我都會一直預想著比賽的整體氛圍，包括所有的景象、聲音、氣味，甚至是緊張刺激感。然後把所有感受放進胃裡，它能幫助身體習慣在壓力下正常運作。」

有研究指出，生動的意象（vivid imagery）不只能幫助你做好準備，而且還會影響你的表現。我明白這聽起來很像某種古怪的巫術，但根據美國克里夫蘭臨床基金會（Cleveland Clinic Foundation）所做的一項研究顯示，那些連續兩週想像自己一週做五次二頭肌啞鈴彎舉的人，他們的肌力竟然增加了百分之十三，真是太奇妙了！

這有可能是因為**預想自己在某個狀況中表現優異，能促使控制肌肉的神經系統火力全開，打造出某種心理藍圖，讓你的身體能夠在未來一段時間內做出更好的表現**。

那你該怎麼做呢？各位應該已經從我舉出的所有實例中看到，關鍵在於細節。請想像你是一位電影導演，你必須製作一段最貼近事實的心靈短片來介紹你自己，你會怎麼做呢？你要如何以真實且細緻入微的影像，呈現出你在眾多層面上的絕佳表現，好讓你在實際上場時感覺自己有能力掌控一切？

設定場景

首先，請預想場景，這一點我們大多數人都能做到。以工作面試為例，請想像那棟辦公大樓的樣子。現在，不論是哪一棟大樓，我們幾乎都可以從谷歌地圖上找到極其精確的影像。它位在哪一區？在哪條街道上？雖然這聽起來會覺得有些毛骨悚然，不過，我還是要請各位用谷歌地圖裡的那個黃色小人，帶你瀏覽四周的街景。看看周遭還有哪些大樓，了解街道的規模及附近的交通流量。或許你想模仿安迪．墨瑞的做法，在那棟大樓外面逛逛，但我真的不建議，因為不管任何人看到你在大樓外徘徊，恐怕都不會有好印象。

總之，繼續加入更多細節，你打算以什麼樣的裝扮去面試呢？你會穿哪雙鞋？梳哪種髮型？你不一定能立刻想到以上所有細節，所以我建議儘早開始蒐集，得知面試日期後就開始著手吧，當你真的開始想像後，你會發現這其實挺有趣的。

營造氣氛

接下來，你必須打造周遭的感官體驗。有人會採取所謂的「方法演技」（method-acting）模式，如實呈現你前往面試途中可能遇到的所有氣味與噪音。至於走進面試會場後的一切，你只能盡情發揮你的想像力；我個人則是取法過去的經驗，所以我會試想那間辦公室的地毯顏色（十之八九不是灰色就是藍色），接著我會試著加入一些聲音，我會假設辦公室裡有一台飲水機（這幾乎也是每個辦公室必有的設備），並想像接待員從飲水機倒水給你喝時所發出的汩汩水聲。對了，即便你明明不渴，而且很擔心待會要一直跑廁所，也一定要接下這杯水，因為它能讓你潤潤喉、不至於發出高八度的怪聲。提醒各位，至少要試想五種相關的感官經驗，因為少於這種數字的話，你的預想畫面恐怕會跟實際狀況出入頗大。

開始演出

這部分對於某些人來說會是一大考驗，光是請他們想像自己坐在未來老闆的面前，像一支雞腿一樣被反覆「拷問」，就可能激起神經系統的不適反應，包括胃部翻攪、呼吸變得急促且短淺，但這其實是件好事，讓你有機會事先學習如何因應。

你可以用數數讓呼吸放緩，當呼吸隨著愈來愈慢的數數節奏變得和緩後，不但可以安撫過快的心跳，還有助於紓緩胃部的不適。請記住這種心平氣和的感受，因為每一次你在腦中預想面試場景時（我建議在正式面試之前，至少要演練三至四次，如果你想多做幾次，當然也行），都要重現這些感受。各位或許對這些事前演練感到半信半疑，但別忘了，不管你再怎麼討厭，腎上腺素反應都有可能在面試當天發作，所以我們必須做好萬全的準備。這樣即使真的遇到時，你才知道如何快速讓自己變得心平氣和，而不是被嚇到手足無措。你必須保存所有的精力，好在面試當天讓老闆看到你有多優秀。

撰寫劇本

對某些人而言，把這些事情寫下來會很有幫助，所以請各位盡情發揮想像力，寫下你自己的劇本。而且我說的是用紙跟筆之類的老派工具，因為有研究顯示，**書寫（而非鍵入手機或筆電）有助於讓事情停駐在記憶裡**。這就是為什麼相較於電子書，閱讀紙本書不但更能讓我們記住故事情節，且更能沉浸於其中。此事或許間接說明了，為什麼近幾年來，紙本書的銷量不減反增，而電子書則是下降的。雖說你可盡情發揮想像力，不過，也沒必要長篇大論，只須寫下面試當天可能要加強的事項即可，而且可以把你的預想分成數小段。

當你在製作你的預想短片時，有件事一定要記住，那就是展現你的真面目。要是你原本說話的聲音較為輕柔高亢，千萬不要為了要顯得成熟而刻意壓低嗓音；如果你是個安靜不多話的人，就不要刻意模仿霸氣總裁，發表誇大的言論；也沒必要裝文青賣弄艱深的言辭，小心弄巧成拙，反倒害自己出糗。請務必忠於自己，唯有這樣，你才能在面試當天自然地展現自己。

製作心想事成的蒙太奇短片，究竟會對你有什麼幫助？它能確保你在遇到難關時，抱持「挑戰心態」，而非「被不適嚇癱」。各位可還記得，運動心理學家指出，**你必須做到三件事才能擁有挑戰心態：相信自己有能力掌控局勢、相信最後一定會獲得正面的結果，以及相信自己**，而心想事成的蒙太奇短片可以幫助你達成這三項要件。即便只是在腦中反覆演練一份明確的計畫，都會自然而然地讓你覺得自己有能力掌控局勢；當你覺得自己有能力掌控局勢後，你自然會相信最後一定能獲得正面的結果。

至於相信自己嘛……這點就比較不好說了，它其實是個意義含糊不清的陳腔濫調，我們很難對某人說：「你要相信自己！」因為對方的反應肯定是：「去你的！」誰不想相信自己，要是天底下有個簡單的戲法或祕訣能讓我們擁有自信，那就太美妙了。以我個人的經驗來說，相信自己是需要練習的，透過不斷練習克服令你感到害怕的事物，你就會開始相信自己。

回到維多莉亞．潘德頓的故事，經過好多個月的練習、飽受來自媒體與賽馬界的雙重壓力，以及幾次墜馬的經驗，當比賽那天終於到來時，她已經準備好要進入這個新的不適圈。她的心中毫無雜念：既沒被現場數萬名觀眾嚇倒，也不擔心在她胯下的不是區區七公斤的自行車，而是一匹重達四百五十公斤且會呼吸的賽馬。她專心傾聽自己的身體，坦然接受心跳加快只是過程中的一部分，而非無法克服的難題。她放低身子貼近馬兒，腦中想像著她們一起越過終點線的畫面。她自在地面對一切不適，她準備好了，而且感到非常興奮。結果如何？她獲得第五名的佳績，並形容那或許是她這輩子最了不起的成就。

第2章

逃避障礙的「鴕鳥心態」，只會讓障礙重重

我在四個孩子當中排行老三，是典型的「中間子女」（middle child）：安靜且非常不起眼；上有兄姐闖的禍當做借鏡，知道哪些界線是不容跨越的，下有么弟「承歡爸媽膝下」，夾在中間的我，完全躲過爸媽的雷達偵測。我真的就像是個「不知人間疾苦」的幸運兒，完全不需要拚命努力以合理化我的存在。

由於我姐在學校人氣很高，讓我免於受到恐怖的霸凌。而我哥則是個熱愛電影、音樂和閱讀的超級文青，還要我對他的品味照單全收，而且不得提出任何質疑，我也不敢違抗、乖乖照辦。當我姐從曼徹斯特搬到倫敦時，我也在五年後，像條跟屁蟲似地尾隨而來。我不僅穿著打扮、說話口氣都模仿我姐，甚至黏在我姐身邊與她的朋友來往。我人生的頭十八年，基本上就是像這樣過得風調雨順，活在一個別人替我打造好的現成世界裡。可是，等我邁入二十歲之後，赫然發現我不僅對自己一無所知，也不知道自己將來會變成什麼模樣。於是乎，在我二十一歲生日的前一晚，我做了一件非常大膽的事——移居巴黎。

其實，背後真正的原因是，我不想再繼續扮演「某人的小妹」這個角色。以前，在社交場合中被別人介紹我是某某的妹妹，我覺得挺開心的，但現在，卻成了一個令我覺得不舒服的負擔。十三、四歲，甚至到十六歲的時候，這還不打緊，但到了十八歲還這樣？真是夠了！我不想再當個沒有自己人格的姐寶。大家都把我們姐妹倆視為一體，就連我自己也這麼認為。派對中一些好心的「長輩」會看在我姐的面子上跟我聊聊天講講話，但沒多久他們就會發現，其實我只會裝模作樣地照抄我姐的意見，根本沒有自己的想法。

我驚覺自己不能再鬼混下去了，我必須弄清楚自己是誰。但那實在太可怕了，萬一我不喜歡自己的真面目該怎麼辦？要是我根本不像自以為的那麼有品味，又該怎麼辦？如果我這輩子曾經支持認同的每件事，對於「真正」的我來說，根本是錯的，那我該如何是好？當時，我認為要回答這些問題最快、最好的方法，就是搬到一個說著不同語言、而且完全沒有熟人的陌生城市。我會那麼做並非膽識過人，而是想在最短的時間內找出我是誰，另一個原因則是我看過很多部法語片。

我還記得那天早上九點零七分步出歐洲之星（連接英國倫敦與法國巴黎、里爾與比利時布魯塞爾及荷蘭阿姆斯特丹的高速鐵路）的巴黎北站，隨身只帶著一只黑色的手提箱。我身上的錢很少，住的地方也還沒著落，只有一份事先找好的工作在等著我去做——在全巴黎最龍蛇雜處的地區教英文。我拿出裝著法郎的黑色零錢包，試著用我練習了好幾個星期的一句法語，打算向售票員買一張地鐵票，但沒成功。幸好，最後我還是平安抵達位於巴黎市中心的青年旅舍。

那個老舊旅舍散發出一股陳年的油垢味，混雜著一股有如多日沒洗的胳肢窩酸臭味。門房用典型的法式作風把鑰匙交給我——嘴裡含混不清地嘟囔著一堆法語，然後隨手遙指大樓後側一個方向不明的地方。當我打開房門，舉目所見並不是我所想像貼著美麗壁紙的雅房，而是一間漆著螢光粉紅色——讓我聯想起巨大的女性外陰部——的單人房，裡頭放著上下兩張床鋪，上鋪已經睡了一個人，既不知道是哪國人，也不知道是男是女。

我放下手提包頹然地坐到床上，我非常需要有人安慰。我正打算拿出零錢包打電話給我媽，卻發現零錢包不見了，但我又不知該如何從法國打一通對方付費的電話到英國，因為之前我從來不必做這種事。所以我只能呆坐著，我的雙頰因為強忍著不哭而變得通紅，我怎麼能在上鋪躺著個陌生人的情況下放聲大哭？我遇上挫折了，我踏進了不適圈，而且手上沒有任何地圖能指引我該何去何從。眼下我只有兩個選擇：繼續待在巴黎，勇敢朝著阻礙前進，或是認輸打道回英國，回到我舒適的家。

結果，我選擇留下來，那一年可不好過，但卻是一段充滿成長與挑戰的神奇時光，因為它讓我發現了自己的很多事情。沒想到，我居然有能力管好我的那一班學生，裡頭可是坐著三十名叛逆的青少年哪（我的領導統御能力居然在最意想不到的地方出現）。而且我也比自己想像中耐操多了，獨自一人待在外國，用少得可憐的法語字彙跟人溝通，竟讓我在這個陌生的地方學會了如何認識新朋友。（拿杯酒往廚房走就對了！因為世上最友善的人一定會在那裡。）那十二個月真的讓我脫胎換骨，**透過擁抱不適，以及把危機視為轉機，我勇敢迎戰障礙，從而獲得豐碩的回報：我不僅快速認識了自己，更明白我能做到什麼。**

想必各位從小就聽過很多童話故事，例如：《白雪公主與七矮人》、《小紅帽》、《三隻小豬》。你會發現這些故事都依循著相當類似的脈絡發展：主角原本過著無憂無慮的幸福生活，但這一切卻在某天被突然出現的可怕大野狼或壞巫婆給毀了。在我看來，這幾個童話故事裡的壞蛋角色，其實就是在暗喻人生中的障礙，這些令人害怕的困難障礙擋在路上，企圖阻止我們邁向目的地。而這些障礙之所以困難，是因為我們沒料到它會出現，所以難免驚慌失措。我們的身體裡充斥著壓力荷爾蒙皮質醇（cortisol），之所以會如此恐慌，是因為我們手上沒有應變計畫，因此不知該如何應付危急狀況。我們的腦袋開始胡思亂想：「天啊！紅色警戒！究竟是什麼東西擋在路上！」

在你的不適圈中，障礙隨處可見，有些是小障礙、有的相當大，但不管大小，都將考驗你要如何應對。各位首先要了解的就是，每個人遇到障礙的反應都不一樣；有些人會被嚇到往後退，有些人卻能快速通過，還有些人是以拖待變，直到想出因應辦法為止，而且當我們想不出辦法時，就直接腳底抹油開溜，沒想到「冤家路窄」，之後竟又遇上相同的障礙。我發現，逃避障礙的「鴕鳥心態」有以下幾種常見的類型。

躲避障礙者：逃避不適，但逃不開真正的問題

這是遇到阻礙時的一種常見反應，事實上，我這輩子也曾多次使出這種招式，不過，我現在要奉勸各位：它會帶來災難性的後果——不是馬上、但最後一定會，簡直就像俗話說的：「不是不報、只是時候未到」。用這種方式對付障礙，日後將會使你陷入最麻煩的境地。

接下來，我要以我認識的某人為例，跟大家說明我絕非危言聳聽。我就姑且稱她為艾蜜莉吧，話說艾蜜莉從念大學的時候就立志當個編劇，而她的際遇也比我們很多

人順利：大學一畢業，她就輕鬆獲得幾份實習工作，跟在幾位英國最有名望的作家身邊見習。雖然薪水很低且工時很長，但那是她夢寐以求的工作，也是她最大的熱情！她小時候就替她的芭比娃娃寫了好幾套劇本，而且她內心裡覺得自己「天生註定」要當個作家。

有天，她擔任助理的那個編劇團隊開出一個正職缺，作家要在她跟其他三名實習生當中選擇一人，她說她的履歷表「超讚」，結果呢？她並沒有得到那份工作；更糟的是，那意味著她的實習期結束了，她必須靠自己單打獨鬥。她花了一個月的時間，打電話給她在編劇界認識的區區幾個人脈，可惜沒人有職缺，她遇上障礙了。你猜她怎麼辦？她先是大哭一場，之後便怒責這一行竟然沒人有慧眼看出她的才華。接著她做了一件最離譜的事：她決定再也不幹這行了；因為編劇這一行「競爭太激烈、薪水又低」，而且跟她共事的那些人「根本就沒那麼聰明」，所以她決定轉戰新聞界。

於是她從頭來過，先從實習工作做起，幾個月後，在一間不錯的小雜誌社擔任初級撰稿員，雖然薪水並沒有比較好，不過，至少每隔幾個月雜誌上會出現她的名字，況且她還可以去採訪一些聰明又有趣的人。但是，一段時間之後，她又對這個工作感到厭煩，因為她想採訪名人、撰寫更重要的專題報導，但上司認為她的「火候」還不行，結果你猜怎麼著？她埋怨上司「不肯提拔後進」，還怪這份工作「埋沒」了她，所以在工作九個月後，她辭職了。

她告訴自己及她認識的每個人，失業沒啥大不了的，反正她打算開個部落格。因為她認為自己當老闆，想寫什麼、想什麼時候寫，都是她說了算。而且她還聽別人說，當部落客很好賺，隨便「寫幾個字」就可以賺很多錢。但事實是，很多部落客是沒有薪水可領的，所以無法靠此糊口，她認為問題出在時機：都怪自己太晚入行，部落格的市場早就飽和了，真正厲害的人都在當網紅，於是她立刻建立一個 YouTube 頻道。但是網紅哪有那麼好當，她不但要拍攝影片、還得編輯影片，想必各位已經猜到接下來的情況……她又決定放棄了。

上回我見到她時，她正打算透過社群媒體ＩＧ當個「網路意見領袖」（influencer），因為她聽說很多品牌都會付大把銀子，請他們替產品寫業配文。我沒敢告訴她，她必須先有上萬名追蹤者，她最愛的那個保健品牌才會打電話找她。不過，到時候，這世界恐怕又在流行別的東西了。艾蜜莉就是典型的「躲避障礙者」，她認為自己有辦法應付，所以不願忍受不適的狀況。編劇界的低薪或是經常被退稿的不適，大不了老娘辭職不幹，再找新工作就是了。她也不想忍受雜誌社那位阻止她更上一層樓的難搞上司，所以她又辭職了，反正開個部落格自己當老闆更好。哪知拍影片既辛苦又累人、而且回報少的可憐。在 I G 上成立自己的「品牌」才是上策，在這兒你只要會使用濾鏡，再搭配高檔的手機，一切就搞定啦。

她自以為已經「摸透」一切，殊不知離她的目標和志向愈來愈遠。**障礙固然會害你在邁向目的地途中「走偏了」，但你不該就此變更整條路線**。艾蜜莉一不爽就換工作的行為，就是徹底改變她的路線。改走新的路線（如同艾蜜莉換到新的行業），的確可以暫時躲掉障礙所帶來的不適。

你或許以為這麼做，就再也不必忍受障礙所引發的焦慮和挫折感，但你的所作所為，其實是打造了一個更大、更棘手的障礙。你雖然嘗試了好幾條新的路徑，但它們卻讓你愈來愈偏離目的地，最後徹底迷失方向。當你偏離既定的路線太久，恐怕就回不去了，而且產生的痛苦、焦慮與不適，遠超過當初的那個障礙。

責怪障礙者：推諉卸責，永遠無法認清自己

我們天生不想面對障礙的另一個原因是，障礙會讓我們看清自己，而且未必是好的那一面。障礙逼著我們面對自己的局限、弱點或失敗。如果你是自尊心特別高的人（我指的是近乎自戀的那種，你我應該都遇過）那問題可就大條了。請想像一下：你一向自認為聰明絕頂，跟失敗二字完全沾不上邊。你的人生向來一帆風順，當你忽然遇到這個會讓你感到極度不適的障礙，你才不想理會呢。

這種人常會把他們的失敗歸咎於障礙，因為比起自省、坦然接受失敗是自己造成的，把責任推給障礙更簡單。事實上，有些人甚至會在障礙之前再放個障礙，（我知道這超乎你的理解，請耐心看下去。）為什麼要這麼做？答案很簡單，因為如果你把一個小障礙放在一個大障礙之前，那你就永遠不必面對那個大障礙的考驗，但那其實是一種典型的弄巧成拙行為。說不定你之前就曾做過這種事，像我有位前同事，每當上級要交派他們負責一件大案子，他們就會找一堆藉口推掉：像是沒有正確版本的PowerPoint、人手不足、資訊太少……所以他們永遠不必面對真正的障礙——完成他們被交辦的那個大案子。這種情形還蠻常見的。而且我不確定當事人是否有意識到自己

的作為，我只能說，最終他們還是會栽跟頭的。

責怪障礙者的共同點在於，他們不會承認問題出在自己無能，而會把責任全推給障礙。但你知道嗎？那倒不失為活得自在的好方法，由於你從不曾攬下任何重責大任，所以你這輩子可以一直覺得自己好棒棒，是個很有才華的好人。要是你能自得其樂倒也不錯，但如果發生以下情況就不好了：由於你從不進步，於是你開始生氣、覺得受挫，因為你明明那麼優秀，為什麼你還在原地踏步？為什麼別人都獲得好機會而你沒有？為什麼你的朋友都升官了，而你卻還一直做著相同的爛工作？為什麼沒有人發現你是個聰明、有才華而且非常搶手的員工呢？

答案很簡單，因為你從未徹底挑戰過自己；要是你曾那麼做（障礙就是讓你有機會挑戰自己的人生大禮），說不定就能認清自己的真實樣貌，那可是在世間走跳的重要關鍵。順帶一提，大多數人從未認清自己的「真實面貌」，因為他們不敢承認自己的弱點。這種人在回顧自己的一生時，會告訴自己，他們之所以沒能出人頭地、完全是因為「運氣不好」。這樣的想法固然可以讓他們毫無遺憾地死去，卻也意味著他們這輩子從不曾掌控自己的人生方向，你不會想要成為這種人的。

真正成功的人不只會注意自己的優勢，同時也會找出自己的弱點。（許多人甚至

更熱中於了解自己的缺點。）那是因為當他們摸透自己的斤兩時，他們就可以根據自身的優缺點、擬定務實的人生計畫。（後面會介紹，有些人為了過上他們想要的人生，是多麼努力地克服自己的弱點。）既然如此，怎麼做才能快速找出自己的弱點？你猜對了：你需要障礙，也需要不適。

但責怪障礙者可不這麼想，他們不承認自己有錯，而是把所有的責任推給障礙。假設有份工作是你夢寐以求的，你順利通過了第一關面試，但接下來的第二關，你必須完成一個專案。這個專案相當困難，你急得晚上睡不著覺，拚命思索有什麼方法可以完成它。此事令你大感震驚，因為你若真如自己以為的那麼優秀，那你不是早該完成它了嗎？於是你做了下述兩件事之一：

一、**你放棄第二階段的面試**。

因為這個案子實在太棘手、而且非常不合理。他們之所以提出這麼困難的案子，無非是想要竊取你的高明點子。誰會想要到那種黑心企業上班？——看到了吧，你把所有的責任都推給障礙，怪它太困難、它不合理、它不公平，而不是：「這個專案很困難，看來我得把我會的十八般武藝全部施展出來。」或是：「完成這個專案的確需要費一番工夫，不過，那剛好可以考驗我是否能全心投入。」或是「沒錯，他們的確有可能想竊取我的想法，不過，更有可能是他們選中我來提出這麼偉大的概念。即便我沒能拿到這份工作，希望下回他們要找人的時候會想起我。」你能領悟出這個道理，太棒了。

二、**雖然你完成了專案，但你沒有獲得那份工作**。

你的做法不是檢視整個過程，並找出到底是哪裡出錯，而是怪罪對方出的這個難題：那根本是「不可能的任務嘛」或「那根本不是我的強項」，或者更糟糕的，你說服自己，那個專案實在太難了，而你只使出五成的功力，沒能獲得那份工作，其實也是意料中的事。

要怪罪障礙很容易，但這麼做，倒楣的是你自己。躲避障礙者至少終其一生還能橫向發展（我並不是指身材變胖），但責怪障礙者則是在原地踏步，有些人甚至是不進則退；因為他們缺乏自知之明，也不懂得檢討自己，因而隨著時光的流逝，他們會變得灰心氣餒、憤世嫉俗，最後甚至變得很惡毒。我們都認得這樣的人，總是怨嘆自己沒能遇到伯樂型的老闆，或是怨嘆沒有更多人脈，否則他們的表現「肯定」會更好。

誇大障礙者：放大不適，阻絕了可能性

我對這種人比較不會苛責，為什麼？因為我們幾乎都當過這種人；事實上，即使你使出蘇格蘭高地山羊的攀岩絕技，但你在挑戰「障礙山」時，心裡仍舊會七上八下，因為誇大障礙者一看到障礙，就會覺得害怕。其實，這也不能怪你，儘管先前我們已經討論過，該如何把恐懼轉化為挑戰與興奮之情，但障礙是如此的不可知，所以真的很令人害怕。不過，害怕有兩種，有一種是我們可以用它來產生某種正面的事物，而且最終會令我們受益匪淺，但另一種害怕則會擊潰你。令放大障礙者無法招架的就是第二種害怕，他們不但被眼前的障礙嚇傻，以至於放棄了原本的道路，而且還對之後做的每件事都視為畏途。

我剛進入職場時便曾遇過這種情況，我在當記者之前，曾做過挨家挨戶推銷商品的推銷員；當初，我以為這份工作是替某種新上市的飲料擔任媒體暨行銷助理，但實

際的工作內容，卻是負責把多種奧地利的發酵冷飲，推銷給百貨公司與酒吧。當時是二〇〇一年，大多數人以為發酵就是把雞蛋三明治忘在書包裡後、變得臭不可聞的那種玩意兒。（哪知現在發酵飲料竟成了時髦酒吧裡最潮的飲品，真夠諷刺的。）那時，我每天早上都要帶著一箱重死人的玻璃瓶出門，並且跟事先約好的買主見面。

某天，我一共約了十五場見面，地點遍及倫敦各地。其中七個人竟然放我鴿子，推說是忘了或「太忙沒空」。最後一個約會足足讓我等了一個多小時，直到我不小心聽到他們說：「誰去看一下那個帶著一堆怪飲料的女孩還在不在。」到頭來，這場會面僅維持兩分鐘，而且我是跟一個在外燴部門工作的波蘭女子談生意，她人雖然很可愛，但是對於我的推銷內容，她只能聽懂不到兩成。

那天的經驗確實很糟，但是我也有點小題大作，我把它視為有生以來（當時我二十二歲）最難堪的奇恥大辱，所以下週便立刻遞出辭呈。我不只是告訴自己我不可能賣出那些發酵飲料，我還說服自己幹不了推銷工作；我誇大了那天的事，斷言自己不是做推銷員的料，並發誓往後再也不幹任何跟推銷扯上邊的工作。我也真的說到做到，日後只要工作中有任何層面涉及推銷，我就會自動避開它。那悲慘的一天一直烙印在我心上好多年，讓我錯失不少好機會。

不論你是以上哪一種人，其實我們或多或少都跟其中一種扯上關係，但重點是：**你必須克服障礙才能獲得成長。其實，你不一定要狠狠逼自己一頭栽進不適圈，而是用另外一種比較溫和的方式**，想知道？且聽我慢慢道來。

籃球大帝麥可．喬丹曾說過：「障礙未必攔得住你，如果你遇到一堵牆，不要就此轉身放棄。想想看能否翻牆而過，或是隨機應變。」喬丹不僅是美國史上最成功的運動員之一，而且他說過很多勵志名言，堪稱是體壇的大詩人。像喬丹這種A咖運動員，不論是翻牆而過、甚至是「穿牆而過」，對他們來說都是易如反掌，因為他們天生就具備過人的勇氣與鍥而不捨的精神。但我們普通人該怎麼辦呢？我們可以效法愚公移山的精神。

障礙，是讓你跳得更高的跳板

相信各位已經明白了，**遇到障礙時，躲避絕非對策。你不應改變方向，也不該放棄目標，更不要被恐懼擊潰，而應隨機應變、設法從眼前的障礙找到出路。**

美國的芭蕾舞者艾力克．安德伍（Eric Underwood）就是那麼做的，他是二十一世紀最偉大的獨舞者之一，曾與紐約芭蕾舞團及倫敦皇家芭蕾舞團合作過，更是皇家芭蕾舞團第一位非裔獨舞者。看到現在的艾力克，你會以為他一路走來肯定是一帆風順：他不但是同輩中最成功的舞者之一，還曾與英國超模凱特．摩斯（Kate Moss）一起登上義大利版《Vogue》雜誌，二〇一七年退休後順利轉戰模特兒界，並擔任快時尚品牌H&M的代言人。但如果你問他曾否遇過障礙，他會告訴你，是障礙造就了如今的他。

艾力克的母親很早就知道，她的么兒將來會大有出息，她會這麼篤定，並不是因為艾力克擁有過人的表演天賦或舞蹈才藝（雖然每次她一放唱片，小艾力克就會跟著音樂扭動身體），而是因為她要傳授兒子一個終生受用的道理——不管你的人生遇到什麼樣的障礙，都一定有解決的方法。

此事非常重要，因為障礙對安德伍家來說簡直是「家常便飯」。他們住在美國華府外圍一個治安很差的社區，不但有很多幫派分子出入，而且晚上經常傳出槍響與警車的警笛聲。

某晚，一名警察出現在安德伍家門口，因為有人陳屍在他們的公寓外頭，警察上門詢問可有人看到任何動靜？艾力克的媽媽搖頭表示不清楚，她會盡一切力量保護孩子不受屋外的紛擾影響。到了週末的時候，她會播放唱片，還把傢俱全推到牆邊，讓客廳中間空出一塊「舞池」讓孩子們跳舞，以蓋過外頭不時響起的警笛聲。當屋外槍聲大作時，她會把孩子全帶到屋子後方的主臥室，並要他們乖乖在地板上躺好。這種充滿危險的生活，對艾力克而言，無疑是個巨大的障礙，但他媽媽絕不讓此事妨礙她的孩子出人頭地。

離他們家不遠的表演藝術學校，則是讓艾力克有機會往藝術界展翅高飛的一張門票。艾力克是個充滿想像力與活力的孩子，他很喜歡在家裡表演時裝秀，或是表演他自己寫的劇本，這讓他媽媽打定主意，要把艾力克送進那間學校。她帶艾力克去圖書館借來一本書，內容講述一名不良於行、必須靠輪椅移動的小男孩的故事。媽媽要艾力克把所有台詞背下來，到了演藝學校招生的那一天，艾力克就可以演出這個故事。

但是，艾力克卻在試演中途怯場，他的腦子一片空白，完全想不起台詞，評審老師耐心地等著，時間彷彿靜止了，然後，他聽到一位好心的評審老師很不捨地對他說：「我很遺憾，艾力克……你恐怕不適合演戲。」一般人聽到這樣的評語，恐怕就會灰心喪志、決定放棄，或是忍住眼淚拚命責怪自己（或是怪評審老師沒眼光、未能看出我們的潛力），並且質疑自己是否該走表演這條路，但艾力克才沒那麼容易就被打倒。

「當我一聽到評審老師說：『你恐怕不適合演戲』，我雖然走出教室，但心裡卻想著：『既然我不適合演戲，那就試試別樣吧。』這時，我剛好看到幾個女孩在練習劈腿，她們正在為舞蹈甄試做準備，我就穿著牛仔褲混在她們當中一起練習，並且暗想：『不然我改考跳舞好了！』萬一跳舞也沒過，那我就試試看能不能當個畫家。當時，我打算一整天都待在那裡參加各種甄試。」

艾力克在那天、以及他整個跳舞生涯所展現的，正是因應障礙的一記高招，我把它稱之為「障礙盲」，艾力克的眼中完全看不見障礙，只看到障礙後方有一條康莊大道。由於艾力克的終極目標是就讀這間表演藝術專校，念哪個科系其實沒那麼重要。他四下觀察後發現，還有另外一個管道可以進入那間學校：舞蹈。

十四歲的艾力克把他的牛仔褲往上捲到大腿，身旁是一群從三歲便開始練舞與伸展肢體的女生。一位評審老師看到這個站在門口的瘦削男孩，他開口詢問自己能否參加甄試，老師說：「很抱歉，只有受過訓練的舞者才能參加。」想不到另一個障礙立即出現在眼前，「我對她說：『只要您示範給我看，我就能做到。』於是，她要我坐在地板上，看我能否劈腿；我猜可能因為我是唯一一個男考生，引起了老師們的興趣。看了我的表現後，她說：『好吧，雖然你落後太多，但我們還是給你個機會試試。』

我就這樣進了那間學校。」

艾力克說得雲淡風輕，但事情絕沒那麼輕鬆。以芭蕾舞的入門時間來說，他已經是十四歲的「高齡」了，迄今從未上過一堂正式的舞蹈課，他是能動，但也僅止於此。有一天，約莫是艾力克入學後的第三週，有個女生對他說：「艾力克，為什麼你老是跳不好？」

他告訴我：「我真的很沮喪，因為我心裡也有一樣的想法。雖然老師曾誇我：『你的彈性很好，有能力可以跳得很高，而且平衡感也很好。』但我知道自己的四肢不夠協調，跳起芭蕾舞的姿勢不優美。」艾利克遇到的第三個障礙是：如何在短短幾個月內、一口氣趕上別人多練了十一年的程度？但其實，艾利克的挑戰還不只這一樁，最重要的是，你要如何挺過這個天大的障礙而不灰心喪志？

艾力克表示：「差別在於，我已經十四歲了，當有人教我：『這樣跳才對、那樣跳是錯的』我很快就能心領神會，並且達到要求。反之，當你三歲就學舞時，你只是在模仿別人的做法，根本不明白為什麼要這麼做。所以，十四歲才開始學舞，反而成為我的優勢，因為我很清楚自己想要做什麼。」

重點是，我們已經確認障礙是困難的，它們是用來檢視你這個人的一場考試。我一向認為，**大多數人都低估了自己的能力與意志力，而問題就出在，他們從不願意展開那趟困難重重的認識自我旅程，所以，他們永遠不知道自己有多棒**。

像這樣，多走點路繞過障礙，雖然比費力克服障礙容易些，但你仍會受到考驗，關鍵在於你必須賦予它正面的意義。對艾力克而言，他的目標是要進入藝術學校就讀，當他想進表演班的希望破滅時，他決定繞道而行——先考進舞蹈班再說。但是，當他如願考進舞蹈班後，卻遇到新的障礙，雖然這個障礙不像沒考進表演班那麼難受，但它仍然是個必須克服的障礙。儘管，艾力克順利「混」進舞蹈班，但他的程度落後班上其他同學整整十年。

這時，他極有可能成為我們先前提過的三種「魯蛇」——如果他是責怪障礙者，他會責怪這個新的障礙太困難，所以他不想面對；如果他是個躲避障礙者，那他可能會半途而廢，不想當一名舞者，甚至不想念這間學校；如果他是誇大障礙者，他有可能被恐懼打敗，無法繼續走這條路。以上這三種心態都會導致相同的結果——艾力克放棄這條路，決定退學不念了。

幸好，艾力克沒被障礙嚇跑，而是以正面的態度面對障礙，他竟把「高齡學舞」視為自己的優勢。畢竟，那些三歲就被爸媽強迫去上芭蕾舞課的幼兒們，學習欲望多半不強。「這麼老」才學舞的艾力克，領悟力更好而且更投入。艾力克就是抱持這樣的信念，在迎戰障礙時，非但不以為苦，而且非常清楚該如何因應。若非抱持這麼健康的心態，他恐怕會覺得失落與失控，而這就是前述三種逃避障礙者會面臨的困境。

艾力克比其他同學更積極投入訓練，他覺得自己正處於人生最完美的時期，能夠盡情吸收新的資訊與學習跳舞技巧。他每天從早到晚認真練習，當他完成每天的功課後，就會跟朋友瑪莎溜回寢室，把腿踢向上鋪，再請瑪莎幫忙下壓，讓兩腿能夠徹底伸展開來。他總是一進教室就開始練舞，一直練到上床睡覺為止。他一再告訴自己，現在就是最適合練舞的時機，所以他才能夠這樣拚命練習：「我上床後不是做肢體伸展，就是思考舞該怎麼跳；每天早上我都會非常開心地醒來，因為我又有機會把不夠熟練的地方練到好。」

舞蹈本就是一個突破重重障礙的活動，舞者在入行初期就須面對許多高難度的挑戰，像是多次豎趾旋轉（multiple pirouettes）或大投躍（grand jetés），這些高難度動作全都違反人體工學，舞者必須心無旁騖且毫不畏懼才能完成。那艾力克是如何辦到的呢？他再次使出所向無敵的正面思考，為每個動作賦予正面的意義。艾力克從不對失敗耿耿於懷，而是把它視為讓自己揪出錯誤的機會。（他會把每個失敗的動作仔細寫下來，以便弄清楚原因。）

艾力克說：「你必須逼自己在舞藝上不斷精進，第一次練跳豎趾旋轉，我可能會摔倒，但六個月後，我進步到可以跳一圈半，兩年後，我說不定可以跳四圈。你必須接受自己一直跳不好、一再地失敗，當某一天你跳對了，其實，挑戰的樂趣也消失了。」

各位將會在本書中列舉的眾多實例看到，**聰明人把障礙視為讓他們精神煥發的挑戰，而不會把障礙看成是痛苦的紛擾**。當我詢問書中提到的每位成功人士，在他們邁向成功的過程中，遇到的最棘手問題是什麼？他們往往都要思考很久，何以如此？當然不是因為他們的人生始終一帆風順，從不曾遇過問題和壓力，而是因為**他們從不把任何事情看成是問題或障礙。他們很清楚，不適乃是邁向偉大的必經過程**。

由小而大，逐步化解障礙

弄清楚未來的人生目標

在你踏上這條充滿障礙的人生道路之前，如果你的心中沒有抱持明確的目標，那最後所有的努力有可能化為泡影。當你解決某個障礙後，想獲得什麼樣的結果？你的目標必須非常明確具體，光是說「我想成功」，太過籠統模糊，你將無法擬定一套按部就班的計畫，來到達你期盼的境界。如果你並不清楚自己想去哪裡，你的旅程會辛苦很多。

你想達到什麼短期目標？

想知道自己二十年後會達到什麼樣的境界，有時並不容易。有些人很幸運，他們清楚知道自己想成為什麼樣的人，而且一路走來始終如一，從不曾偏離那條道路。但是，我們大多數人一輩子都在探索自己最後究竟會走到哪裡，而且答案一直在改變。

與其好高騖遠，一口氣設定二十年後的大目標，不如先從較短的期間著手，問自己經過這段期間後，想要到達什麼樣的境界。就從最即期的目標開始思考，例如：你希望在下個月底前，能每天早點結束工作下班回家。

是什麼原因害你不能早點下班？或許是因為你每天一上班，就先跟同事閒聊一小時而非埋頭認真工作，以後改成外出或下班回家途中再談天吧；也有可能是你總把最困難的工作留到快下班才處理，而且花的時間是你預期的兩倍，以後就改成先處理比較棘手的工作；或許是你要求自己必須今日事今日畢，卻從未能如願，搞不好是你的待辦事項清單太長，你不妨試著把項目刪減三分之一，看能否順利完成。

雖然這些都是芝麻小事，但除非我們先搞定它們，否則奢談長期目標。像這樣，由短而長逐一檢視，能讓我們很快認清路上有哪些障礙。（切記，障礙未必都那麼明顯、一眼就能看出來。）

下回，你不妨設定略長一點的期限，像六個月或是一年，思考自己屆時想要達成什麼樣的目標。你可以不斷用這個方法，找出妨礙你達標的障礙是什麼。你會訝異答案這麼快就水落石出，那是因為比起一口氣解決大問題，人腦更擅長解決比較好處理的小問題。

等你完成後，就繼續挑戰更長的期間，持續這麼做，直到你能清楚想好三年後的目標為止。有人認為自己有能力想像更長遠的人生目標，很好！但其實，三年是一段相當務實的期間。以我個人為例，我根本無法想像十年後我在幹麼，但三年後似乎不成問題。

有句話要奉勸各位：「做這個練習時，請聚焦於找出主要的障礙。」如果你的障礙清單很長，你可能會覺得「既然要改的錯那麼多，那就改天再說吧。」況且，太多的小障礙會讓你看不清真正的大障礙。比方說吧，你很想在三年後擁有自己的房子，但你馬上想到一堆障礙：薪水太少、約會開銷很大、扣掉生活費根本存不了錢。但其實，以上這些問題，可以歸結成一句話——你必須好好掌控你的金錢。所以，那一堆小障礙，其實是你長期以來一直不願面對的一個大障礙。

找到努力打拚的意義，就不覺得苦

各位可還記得艾力克是如何重新詮釋他一開始的苦學歷程嗎？他不斷告訴自己，儘管其他同學都已練舞多年，但他卻擁有「後發先至」的優勢，晚點才開始學舞反而比較好，因為這時你的身心都發育好了，你的學習欲會比年幼時更加旺盛。這就是各位從現在開始要抱持的心態。

等你弄清楚自己想要到達的境界，以及擋在途中的障礙，接下來你就必須努力克服那些難關。但是，再棒的書也無法告訴你，如何開心地待在不適圈裡，但我可以告訴各位，只要打造正向積極的心態，你就會更有能力面對不適的困境；其中一個方法就是對此一經驗賦予正面的意義。我知道各位一定會問：「該怎麼做呢？」很簡單啊，你只要問自己：「為什麼此刻我是迎接此一挑戰的最佳人選？」

你必須仔細盤點自己擁有哪些優勢，能夠力抗即將面對的困境。再以先前存錢買房為例，我們通常會找出一堆理由，證明現在不是好時機：薪水太少、約會開銷很大、房價飆到不合理的天價，希望藉此打消念頭。

但是，從現在起，我們要從相反的角度來思考此事，想想為什麼現在是存錢買房的最佳時機：你還不必養小孩、你還單身，所以不必把配偶的購屋原則也納入考量；此時你還年輕力壯，可以多兼點差或是賺加班費，總之支持你買房的理由同樣多到不行。但重點是，你明白你的努力打拚是有目的、有意義的，所以你會充滿信心地面對未知的處境，而非憂心忡忡、忐忑不安。

第3章

不被創傷粉身碎骨，而是幫你脫胎換骨

人生往往會在某個時間點突然開始崩壞。在你還摸不著頭緒的情況下，你的人生彷彿硬生生被撕成兩半，而且再也接不回去。那已經不是普通的不適，而是重大不適，甚至是值得罵句髒話的不適。但如果你能化創傷為創造力，它反倒可能成為改變你人生的最大契機。

各位將會在本章見到幾位挺過重大打擊（甚至不只一次）的人士，發生在他們身上的事情，是我們大多數人無法想像的，然而卻也是拜那件事之賜，讓他們活出了精采的人生，並且改變了周遭的世界。這些人就像一艘直闖暴風眼的小船，毫無畏懼地迎擊重大不適；這份勇氣讓他們免於淪為受害者，或是死裡逃生的倖存者，而是受世人尊敬的英雄。因為他們從那些足以破壞人生的嚴重不適中，看到了扭轉乾坤的巨大力量。

每個人對重大不適的定義各不相同：失去至親、跟戀人分手、工作出大包，甚至是一些別人覺得微不足道的小凸槌，例如：在公開場合失言，或是在一群長官面前說了個不討喜的笑話。這些原本只是無足輕重的小過小錯，但因為是發生在公開場合，不免會在當事人心中留下難以磨滅的「創傷」。

創傷造成的不適，往往是突如其來的，你根本無從預先防備，當它找上你時，會令你覺得無力招架。這種不適，並非我所主張的進入你的不適圈，比較像是不適找上了你，你既沒有時間做好因應計畫，也沒機會把事情徹底想個清楚。當你在人生中遇到這種突如其來的重擊時，你如何應對它，攸關之後你是脫胎換骨還是粉身碎骨。

創傷是不會消失不見的，除非你能把它轉化成別的東西。創傷若置之不理，就會從受創的那一刻開始，不斷產生小小的漣漪，且會隨著時間不斷變大。創傷不是你想要忘記就能夠擺脫掉的，事實上，那只會讓事態變得更糟。

當我們的人生遭逢巨變時，我們最不想做的就是再次回顧創傷。誰會想要重溫創傷經驗？但有的時候，硬逼自己喝下那杯濃縮的不適果汁，卻是治癒創傷的唯一方法。

以我自己剛進職場時的情況為例。那時候的慘痛經驗，當然不能跟失戀分手或是痛失至親的情況相提並論，但對於當年才二十四歲且涉世未深的我來說，卻已經是天大的打擊了。我的第一份工作是在一家女性雜誌任職，那可是我歷盡千辛萬苦才得到的職位，在那之前累積了不知多少份無薪的工作經驗、寫了多少篇沒有稿費的文章（搖筆桿真的賺不了幾個錢），而且還花了好多年的時間，一直纏著雜誌版權頁上那些「有頭有臉」的人物賞我一份工作，最後，我總算如願進來了。這本雜誌鎖定的讀者群，是我媽那個年紀的熟齡婦女，裡面刊登的文章其實還挺有看頭的，除了鞋包的時尚穿搭照片，還有撫平魚尾紋的美容資訊，以及精采的專題報導，例如：〈如何應付更年期與空巢期〉（誰會料到孩子們在二〇一八年又全都搬回來了）。

我的工作主要是負責「實現夢想」這個單元，受訪的女性全都曾遭受過重大打擊，因而被迫改變原本的生活方式。她們多半跟從不曾正眼瞧過她們的老公默默生活了三十年，而且在婚姻最後十年，老公偷吃助理但她卻一直被蒙在鼓裡。儘管每個人的悲慘情節各不相同，但結局永遠很勵志——在遭遇重大打擊之後，她們不但開創了一份賺錢的事業，而且活出了精采的新人生。

我的工作就是採訪她們的故事，所以我的記者生涯頭六個月，基本上就是像個三姑六婆一樣打探對方的私事（妳創業的第一年賺了多少錢啊？妳覺得妳老公現在做何感想？說說妳當時是如何發現妳老公跟他的助理有一腿的？）然後寫下這些內容換取薪水。但問題是，那只是我一半的工作內容，另一半則是充當部門的行政助理，我要負責開發票、訂火車票、製作會議記錄，以及把報紙建檔。由於我沒有花太多腦力思考這部分的工作，結果就出事了。

在某次收假後的第一個上班日，我被叫進總編輯的辦公室。我原本以為她是要告訴我，我升職了（有時候神經大條也不是件壞事）。誰知她把我帶到一個平常很少在用的小會議室，這時，我才驚覺大事不妙了。她在我坐下來後，直接挑明：「妳的工作表現不及格！有發票不見了、漏訂了火車票，還有作家怒氣沖沖地來告狀，抱怨那個負責這些雜務的白癡女生沒及時請款，害他們繳不出貸款。」她皮笑肉不笑地對我說：「我給妳三個星期的時間改進，到時候看結果再說吧。」

我整個人驚訝到不知所措，只能失魂落魄地走回我的座位。時間彷彿在瞬間凍結了，我覺得自己像是快被濃稠的糖蜜滅頂，痛苦到喘不過氣來，我滿臉通紅，必須咬緊牙關才不至於在全辦公室的人面前哭出來。我的二十四歲生日才剛過，多虧了這份薪水我才得以從我姐的小套房裡搬出來，也終於有錢可以上超市買東西，提款機也終於有錢可領而非餘額不足。我當上記者了喔，有一天我將會出人頭地。但是在那一刻，我感覺目前擁有的一切都要被沒收，這就是我遇到的重大不適。

各位覺得我太草莓？是沒錯啦，但我還只是個孩子耶，隻身一人待在一個沒有朋友可以推心置腹的城市裡。我覺得非常丟臉，根本不敢告訴我爸媽，更希望這件事不要傳到其他同事耳裡。這個事件對當時的我造成了嚴重的創傷，那我該怎麼辦呢？我有三個選擇：一是認輸，並承認我的確不是當記者的料；二是離職，並且告訴自己錯不在我，有問題的是他們；最後一個是勇敢面對不適。弄清楚為什麼會發生那種事，以及我該如何改進。

我一向很愛寫日記，自從我媽買了一本有著小熊維尼圖案的淡藍色日記給我之後，我就開始用紙筆記下人生中的大小事：青春期、男生、友誼、男人、職業。對我而言，寫日記是個過程，而非一種藝術形式。那是個可以讓我整理思緒的地方，我不只在年輕的時候寫日記，也一直持續到現在。

現在，我都還留著那本日記，而且重讀以前的日記很有趣，你可以從字裡行間看出我在事情發生的那一天有多憤怒：「我恨這公司！不敢相信我會因為此事而失去工作！」隔天，氣消了些，變得比較自憐自艾：「我想，她們從未雇用過我這樣的人才，我太獨樹一格了，說不定就是因為這樣，所以我根本不適合當記者。」不過，當我繼續看下去，我注意到一件事——我的用詞比較沒火氣了、戲劇化的敘述也少了、深思熟慮的想法變多了，而且也更有條理了。儘管剛開始的那幾篇日記裡，充斥著一堆亂七八糟的情緒性想法，毫無章法可言，但之後卻逐漸理出頭緒來了，而且最棒的是，我變得比較少檢討別人（像是：「她根本不了解我，她對我太嚴厲了！」）而是更加的內省。（反省：「我可能做事太沒條理了；有時候我的確感覺有點無法勝任。」）

透過書寫日記，我逐漸找出自己在哪裡做錯了；而且我愈加分析，就愈明白為什麼會發生這些鳥事。我這個人的確很有創意，但是，當我回顧我一直在做的所有事情——遲開發票、把訂火車票之類的事務性工作，列為較不重要的待辦事項——我這才明白自己做事情真的是很沒章法，而之前，我一直不知道自己有這樣的毛病。要是你問我，做事情是否很沒條理，我肯定會否認。我的生活並沒有特別紊亂，我是個守時的人，我的臥室很整齊。總之，我呈現在外在的各種跡象，讓我有足夠的理由說服自己，說我其實算是個蠻「沉穩有條理」的人，可惜最後因為總編的訓斥而破了功。寫日記不僅幫助我從那次的重大不適中學到教訓，而且還讓我誠實面對自己的缺點，成為一個懂事的大人。

事後我才知道，當時我所採取的「療傷止痛」方法，是現在科學家大力提倡、且認為是治療重大創傷最有效的方法之一。

詹姆斯．潘貝克（James Pennebaker）是美國德州大學的心理學教授，長期研究人們如何因應創傷造成的不良影響，他構思了一個極具指標性意義的研究，探討那些曾在童年時期遭受創傷、並將之當成祕密深埋心底的人，往後的人生會有什麼樣的發展。研究的結果相當耐人尋味，簡言之：那些絕口不提童年不幸遭遇的人，成年後的健康往往大有問題。

潘貝克教授對於這樣的結果大感驚異，於是他花費長達三十年的時間，展開更深入的研究。他請那些曾有過傷痛經驗的人，每週造訪他的實驗室三至四次、每次花十五分鐘寫下他們的故事。每位參與者的經驗大異其趣，有人是遭到詐騙、搶劫、痛毆，有些人則是被強暴、甚至曾經動過自殺的念頭。儘管每個人對於「重大不適」的定義或有不同，但是那些勇敢說出創傷的人，卻都獲得了相同的效果，那些願意寫下其感受的人表示，他們近來比較少去看醫生了，焦慮和憂鬱程度都減輕了，就連免疫功能也提升了。

這太神奇了吧？沒錯，光是把曾經遭受的痛苦經驗寫下來（或甚至只是講出來），竟然就會產生這麼強的自癒能力。它的運作方式是這樣的——請這些當事人回顧當年究竟發生了什麼事，會在潛移默化的情況下，讓他們能以更明智的態度面對其創傷。潘貝克教授從該研究獲得以下幾點發現：首先，經過一段時間的省思後，參與者會開始使用「我領悟到」或「我這才明白」之類的語詞，顯示他們對於發生在自己身上的事情，有了更清楚的認知；其次，他們描述不幸遭遇的觀點，會從原本第一人稱的「我」變成第三人稱的「他／她」，例如：「他攻擊我」或是「她對我大吼大叫」，這顯示當事人跟創傷之間的距離拉開來了；最後一點，那些最勇於揭露真相的人，也就是真正放下過去怨恨的人，甚至坦承創傷讓他們在人生中找到正面的意義。

儘管我當年差點慘遭開除的糗事，根本不能跟這些人遭受的重創相提並論，但我要表達的重點是，坦然說出我對那件事的感受，的確令我獲益匪淺。要不是我仔細思考究竟是哪裡做錯了，怎麼可能摸清楚辦公室的生態呢？現在，業已坐上主管位子的我，看到某個新進菜鳥悶不吭聲地「埋頭苦幹」時，我的心中就會暗叫不妙，那不僅是出於主管的直覺，而且也因為我自己就曾幹過這種蠢事。（各位切記，悶不吭聲通常是某人不知該如何處理問題的一個警訊。）

綜上所述，重大不適只要處理得宜，反倒會讓人獲益良多。**逼自己認真找出事情出錯的原因，的確很痛苦，但你正好可以利用這個機會修正錯誤**。我們一般人遇上不愉快的經驗時，多半會想要把它「封箱」，然後埋藏在心中的某個角落。但問題是，那個藏著祕密的箱子並不會消失，更重要的是，你不把那一堆傷痛的心情理出個頭緒，就無法拼湊出一個條理清晰的故事。人腦喜歡條理清晰，它喜歡弄清楚每件事情，這樣當類似的事情再發生時，你就知道該如何因應。因此，特別是透過書寫的方式探索重大不適，有可能成為我們變得更強大的契機，即便日後再發生更難搞的不適，我們也有能力應付。

在上個世紀的九〇年代中期，美國北卡羅來納州的兩名學者理查・特德斯奇（Richard Tedeschi）與勞倫斯・卡爾霍恩（Lawrence Calhoun）共同提出了「創傷後成長」的概念。他們花費十多年的時間，研究一群痛失愛子（女）的父母（及經歷其他重大創傷的倖存者），發現重大創傷對人產生的影響，並不像過去的學者所主張的那樣。事實上，**重大創傷不是只會造成負面的影響，同時也帶來了相當程度的正面影響：家人間的感情因此變得更加緊密，或是有生以來頭一次感受到生命的意義，最重要的是，他們覺得內心變得更為堅韌**。這兩位學者對於研究結果感到非常驚訝，這些人非但沒被重大創傷擊倒，相反地，還因此活得更加精神抖擻，他們把這種現象稱之為「創傷後成長」（post-traumatic growth，PTG）。

有些讀者可能會覺得這是什麼鬼話，若真是如此，為什麼很少人聽過「創傷後成長」一詞，大家比較熟悉的是「創傷後壓力症候群」（post-traumatic stress disorder，PTSD），也就是創傷經驗造成的焦慮性失調，展現的方式不一而足，例如：逃避會引發創傷回憶的事物，或是重度憂鬱。

那是因為現代心理學一直告訴我們，重大創傷會對大多數人造成負面的影響。試想，你可曾聽過某個被攻擊或被囚禁的人大聲宣稱：「哇，那是我這輩子遇過最棒的事了！經歷過那件事之後，我覺得我變成一個更堅強、更有洞察力的人。」答案肯定是沒有。（仔細想想那其實是件好事，要是過去心理學家大力鼓吹受苦受難好處多多，天曉得我們會變成什麼樣。）不僅如此，我們不斷看到一些支持這種說法的新聞事件，例如：飽受戰爭壓力摧殘的年輕士兵，因為無法再度融入社會，以至於流浪街頭；因為遭到性侵而情緒崩潰的受害者，很難跟異性建立長久的感情關係；因遭受家暴而被送進兒童之家的孩童，長大後成為憤怒的青年，一輩子活在社會的邊緣。

儘管這些故事的確慘絕人寰，有些人甚至因此走上絕路，但並非人人皆是如此。研究人員的發現，其實與一般人的想法大相逕庭：那些曾經遭遇過重大創傷的人當中，有將近三分之二表示，創傷經驗促使他們成長。（兩者並非互相排斥，受害者有可能同時經歷到 PTSD 與 PTG。）

既然如此，你該怎麼做，才能在遭受重大打擊之後有所成長呢？我們不妨借鏡下面即將出場的這位勇者。

莎加．穆格（Sajda Mughal）堪稱是人生勝利組，她在一家頂級投資銀行擔任人資顧問，還有個「夠格當老公」的男友，衣櫥裡放滿了她在少女時期便夢寐以求的漂亮包包及昂貴的鞋子，但這一切卻在二〇〇五年七月的某個早晨變了調。

那天是星期四，她起床時就已經晚了，她迅速穿上黑色的套裝，順手抓起一只手提包，快馬加鞭飛奔到離家最近的地鐵站，那是位在英國倫敦北區的伍德格林（Wood Green），沒想到地鐵站居然關閉了。她一刻也不敢耽擱，立刻趕往十分鐘路程外的登碧巷站（Turnpike Lane tube station）。那天早上，倫敦地鐵最擁擠的皮卡迪利線嚴重誤點，月台上擠滿了焦急的上班族，整個地鐵站瀰漫著大量人潮散發的熱氣，簡直快成了一座小火爐。

一直以來，莎加搭地鐵都習慣坐在第一節車廂，她猜想可能是輕微的強迫症在作祟。說也奇怪，那一天她突然一反常態，當這班八點四十八分從卡克福斯特站（Cockfosters tube station）開過來的列車車廂門一打開時，她莫名其妙地跟著人潮進了中間的車廂。

接下來的十分鐘，列車正常地往倫敦市中心開去，通勤族攤開報紙閱讀，外國學生興奮地查找倫敦的地圖，莎加的對面坐了一位孕婦，正不斷扭動身體想要找到最舒適的坐姿，莎加則是滿腦子想著：「我又遲到了。」當列車剛駛離國王十字站（King's Cross Station），並快速進入黑黝黝的地鐵隧道裡時，突然發出一聲巨響，以及一陣劇烈的猛衝，整列車像骰子般被震動，那些站著的乘客全摔倒在地上，或是摔到坐著的乘客身上。車廂裡的燈不亮了，整個車廂突然鴉雀無聲。

不一會兒，列車的緊急照明開始啟動，並發出微弱的光照亮車廂。接著，濃濃的黑煙悄悄地從車門下方竄入，短短幾秒鐘就使整列車的溫度飆至四十度以上。沒有人知道究竟發生了什麼事，只知道大事不妙，莎加立刻脫下外套遮住口鼻，以免吸入濃煙，她心想：我今天活不成了。

莎加告訴我：「當時，我還以為是尖峰時間兩輛列車追撞，我們的車剛離開國王十字站，下一分鐘就有另一輛車撞上我們，等下肯定會燃起大火，把所有人活活燒死。」

我問莎加，當她認為自己必死無疑時，心裡有什麼感覺。「一開始我的心整個揪在一起，像是被一條繩索緊緊纏繞，讓我幾乎無法呼吸。接著，我開始想到這輩子還未做過的事——我還沒跟爸媽及手足們道別、還沒跟男友道別、還沒結婚生子、也未曾環遊世界。接著，奇怪的事情發生了——即使現在回想起來，我還是會很激動——我的腦中不斷浮現過去的種種快樂回憶，包括父親生前陪著年幼的我一起玩樂的回憶。」

一陣靜默過後，莎加說：「最後，我在心中默默想著，今天是二〇〇五年七月七日，我將會在這一天離世。」

二○○五年七月七日早上的交通尖峰時段，四名年輕的恐怖分子，在三個地鐵列車及一輛巴士上引爆炸彈，造成五十六人死亡。莎加一直要到當天晚上，她回到媽媽家休息時，聽到新聞報導提及「炸彈」與「伊斯蘭恐怖分子」，才知道發生了什麼事。

幾天後，莎加終於完整拼湊出整起事件的始末——年僅十九歲的杰曼・林西（Germaine Lindsay），在國王十字站上車，走進莎加平常會搭乘的第一節車廂，待列車離站並進入隧道後，他便引爆背包裡的炸藥。莎加搭的那班車一共有二十六人死亡，大多數都是坐在第一節車廂，而那正是過去兩年來莎加每天固定會坐的車廂。

那起悲劇發生迄今已逾十年，但莎加仍然受到影響。她到現在還是會清楚想起，當她從鐵軌上被救出來時，月台上那些躺臥在血泊中的屍體，竄入車廂的嗆人濃煙也仍揮之不去，更忘不了車廂裡眾多乘客的尖叫哀嚎聲，以及年輕男女的嗚咽：「我還不想死，我還不想死。」還有坐在她對面的那名孕婦，安心閉目養神的樣子也仍歷歷在目。她告訴我，每年快要逼近七月七日的那陣子，她都會說夢話，據她先生說，她嘴裡不斷叨念著親友的名字，以及她此生還未完成的事情。

但諷刺的是，七月七日竟為她的人生帶來了意想不到的效應，那是因為莎加現在擔任英國最重要的非營利組織之一「JAN Trust」的執行長。這個公益組織的成立宗旨，是防範極端主義在英國蔓延，因其促進社區凝聚力的卓越貢獻，讓莎加在二〇一四年獲頒大英帝國勳章。現在，莎加每天的行程，就是前往英國各地，拜訪一些憂心忡忡的人士，因為他們擔心自己的兒女、手足、朋友，有可能被恐怖組織吸收。她會跟那些有意加入「伊斯蘭國」（ＩＳＩＳ）的年輕男女懇談，其中有些人甚至年僅十四、五歲，卻打算前往敘利亞、成為少年戰士或ＩＳＩＳ新娘。這份工作十分辛苦，她不僅每天都必須踏入不適圈，還經常遭到極右派分子的暴力威脅，她的辦公室曾遭破壞，也不時接獲恐嚇信，她的人身安全更是一再遭到威脅。但是，當我問她為什麼要做這件事，她的回答卻是：「幹麼不做？」

莎加正是從七七恐攻事件獲得力量的勇者之一。她告訴我，同車的乘客當中，有很多人的人生被摧毀了，許多人現在必須服用抗憂鬱的藥，而且恐怕餘生都無法停藥。另外一些人則害怕到無法踏出家門，更有一些人是在慘案發生迄今，仍舊害怕到不敢提及當天發生了什麼事。

「要是七七恐攻事件沒發生，我的人生可能大不相同，我或許不會那麼早就成家。之前我只想著賺錢與過好日子、擁有很多漂亮的衣服鞋包，我的生活重心就是我自己，但七七恐攻事件改變了一切。」

在七七恐攻事件之後，莎加開創了充實的人生。她在爆炸案發生兩年後結婚，在三十歲之前就生了兩個小孩，她變成一個更堅強的人，而且過著更有意義的人生。

「在七七恐攻事件之前，我滿腦子只想著自己的事，但是那天的遭遇，對我的人生賦予一個新的意義。說實話，若我不曾遇到七七恐攻事件，我恐怕不會像今天一樣對社會有所貢獻。」

是什麼讓莎加在遭遇重大創傷後成長，而不是像其他人一樣消沉？因為她勇敢踏入不適圈。莎加告訴我，雖然她未曾寫下隻字片語，但是，自慘案發生後，她就從不避談當天的情況，她不僅告訴朋友和家人，就連想要知道更多詳情的陌生人，她也會如實說明。她在得知七月七日早上究竟發生了什麼事之後，她問自己的第一個問題並不是：「為什麼我會遇上這種倒楣事？」而是「為什麼這幾個年輕人會做出這種事？」（莎加本身就是個虔誠的回教徒）。莎加從事的公益活動，讓她不禁深思自己的遭遇。由於莎加參與公益組織的關係，她幾乎每天都要談及那起恐攻事件，也因為接受媒體採訪，讓她必須反覆閱讀它的相關報導。這雖然未能減輕她的痛苦，卻幫助她變成一個更勇敢堅強的女性。

「我常問自己：當天為何沒進第一節車廂？為什麼那麼多人不幸過世，而我卻能活下來？於是我領悟到，這是上天給了我第二次機會。經歷七七恐攻事件就像一趟旅程，讓我認真思索發生在我身上的每件事。結果，我發現這件事讓我變得更堅強。要是沒遇到這件事，我不可能會向大眾發表演說，也不可能在不斷遭到惡意攻擊與威脅後，仍繼續做現在的工作。」

還有其他許多人跟莎加一樣，雖然遭遇到刻骨銘心的重大創傷，卻因此決心挺身而出，改變了世界。接下來，我要跟各位介紹多琳．勞倫斯爵士（Doreen Lawrence，她因為對社會有重大貢獻而獲授爵士頭銜），她是英國種族改革的重要推手與思想家。育有二子一女的多琳原本只是一個平凡的家庭主婦，相夫教子就是她心目中最重要的事，她萬萬沒想到自己的人生會在一九九三年四月二十二日完全變調。那天，她的長子史蒂芬在等公車時，被五名年輕白人殺害。這不僅是一樁種族攻擊案，且還牽扯出警方出包、證據未妥善保存及「制度性的種族歧視」（institutional racism，指整個社會對於種族歧視習以為常）的案外案。

這個案子之所以會轟動一時，不單因為它是一樁可怕的凶案，更因為它讓黑人在英國社會中飽受歧視的狀況浮上檯面。多琳從喪子之痛獲得力量，矢志要替兒子討回公道。多琳透過私人調查找到的五名凶手竟然全被判無罪，她只好建請政府召開「公開調查」（public inquiry）。她的堅持不懈惹惱了極右派分子，成為他們攻擊與謾罵的目標，但她的努力讓兒子的性命沒有白白犧牲，並為英國的種族平權打下重要基礎。在史蒂芬遇害的十九年之後，其中兩名被告終於入獄服刑，而多琳則成了全英國人景仰的英雄。

儘管多琳肯定寧願放棄一切換回兒子的性命，但多琳的確因為兒子的喪命而找到尋常難以發現的力量。同樣的情況也發生在約翰・華許（John Walsh）身上。世人都知道他是《美國頭號通緝犯》（*America's Most Wanted*）節目的主持人，該節目擁有數百萬的收視觀眾。有著一頭銀髮的約翰，總會在節目即將結束前對著觀眾說：「記住，你也能幫上忙。」但很多人都不知道，一九八二年美國國會通過的失蹤兒童法案（Missing Children Act of 1982），以及一九八四年通過的失蹤兒童援助法案（Missing Children's Assistance Act of 1984），都要歸功於華許夫婦在背後的大力推動。（如果你曾在美國看過印在鮮奶紙盒上的失蹤兒童照片，那也是華許的倡議。）

華許也曾遭遇痛徹心扉的重大創傷。一九八一年七月二十七日，他年僅七歲的兒子亞當，在美國佛羅里達州一家百貨公司遭人綁架。十六天後，警方在離他家一百二十英里（約一百九十二公里）外的一處排水溝裡，找到亞當的頭顱。更令人同情的是，華許夫婦一直要到兒子過世二十六年後，才得知殺害兒子的凶手是連續殺人犯歐提斯．圖爾（Ottis Toole）。但最令人動容的是，華許在喪子之後，努力為其他受害者發聲爭取權利。

重大創傷必須妥善處理

創傷如果不加以處理，有可能在不知不覺的情況下，一輩子縈繞你心中。不知各位曾否注意到，你是如何一眼看出某個孩子在學校裡遭到霸凌？被霸凌的孩子走路時，肩膀會有點下垂，他們不擅於跟別人的眼神接觸，且會儘量避免跟別人發生衝突。但那又怎樣呢？這會令他們再次淪為霸凌者的獵物。因為人類非常懂得汲取潛意識散發出來的訊號，而未經妥善處理的創傷，就會以你不知道的方式在無意間展現出來。

那我們究竟該怎麼做呢？必須找出問題的根源，然後對症下藥。請容我以自己的例子說明：

問題一：我怎麼會因為搞砸一堆行政工作，而有可能丟了好不容易才獲得的夢寐以求工作？

答：搞不好不只是行政工作沒做好，說不定我其他部分的工作也沒做好。

問題二：妳為什麼會讓那樣的情況發生呢？

答：我其實做事情很沒條理，但我在面試時，卻說自己是個有條不紊的人。

問題三：為什麼妳做事沒條理？

答：因為我並不是個天生做事有條理的人，卻又害怕別人認為我很沒用，沒資格做這份工作，所以不敢開口向人求助。

問題四：那為什麼沒有人早點注意到妳根本不勝任？

答：因為我從未跟我的團隊好好溝通。

問題五：妳為什麼不跟他們溝通呢？

答：因為我很怕聽到負面的反饋。

寫日記是剖析痛苦經驗的一個好方法，幸好當時我瞎打誤撞做對了。不過，如上述範例所示，提出一連串環環相扣的問題，可以更快直搗問題的核心。我當時的問題其實有兩方面——至少我自己能掌控的那些問題是如此。基本上，因為我很害怕聽到別人說出不中聽的回饋，所以我不喜歡跟人溝通。但有趣的是，現在輪到我當主管時，我卻非常熱衷於溝通與反饋。由於我非常擔心有人默不吭聲、埋頭苦幹，到最後出了亂子，就會害團隊裡的資深同仁幫他善後。所以，我們有個工作架構，希望能避免日後再犯相同的錯誤。那要是再犯呢？至少我們知道如何處理它。

這麼做有效嗎？之後我通過考核，在那個工作多待了十六個月，而且當他們為我舉辦一個盛大的歡送會時，我還真覺得依依不捨呢。老實說，那堪稱是我的職涯中最關鍵性的一份工作了，其中對我影響最大的又是哪個部分呢？就是總編輯找我去訓話的那場會議，雖然那個場面令我「痛不欲生」，但是，當我逼自己進入不適圈、認真檢討自己哪裡做錯後，那個創傷經驗便成了讓我在職場上開始成長的契機。

受創後如何療傷止痛

話說回來，被總編輯痛罵真的不算什麼，人生中說不定還有更大的難關等著考驗你。但重點是，不論遇到什麼事，你都可以用同一套方法逐步解決它。

心理治療師與心理學家把這套方法稱之為「暴露療法」（exposure therapy）。這是用來因應可怕事物最常見的方式之一，就是逼自己面對它。雖然此舉並不能使考驗本身變得沒那麼可怕（大多數人都會極力避免失去工作或伴侶），但習慣性的「暴露」於令我們害怕的事物中，的確能逐漸讓它變得比較容易對付。

要面對自己害怕的事物真的很嚇人，因為那形同要再一次重溫令人不適的經驗，但那正是暴露療法的重點所在。而且剛開始的時候，你的恐懼感可能會比較嚴重些，請別在意，這是治療過程的一部分。

如何降低它的難度與可怕程度呢？答案是：拆解它。**把那個可怕的創傷經驗拆解成一片片的小拼圖片，然後再仔細檢視每一片的細節，這麼做比較符合人的天性，因為你會覺得這樣事情比較容易處理**。雖然我不清楚各位的情況，但是以我個人來說，當我要跑十公里的長距離時，我不會一直惦記著十公里這麼大的數字，而是把焦點放在逐段完成一個較小的里程碑。這麼一來，我就會愈跑愈樂在其中，經過一段時間之後，我甚至能在不知不覺間跑完全程。那有點像是兒童在學騎腳踏車時，安裝在後輪兩側的輔助輪，我們大多數人都曾使用過，而且會一直使用到我們的身體和心理都習慣騎單車為止。

莎加就是這樣處理她在七月七日倫敦恐攻遇到的可怕經驗，當你徹底分析整個情勢後，要是下次再遇到類似的事情時，你就知道如何因應。這會讓你的大腦感到安心，因為它已經有了可供參考的範本，即便再次遇到類似的狀況，也能老神在在。反之，當缺少參考的範本時，你的大腦就會充滿焦慮，你會不知所措，從而十之八九你又會落入相同的創傷天坑裡。

接下來，說明這套療癒創傷法的詳細步驟。

拼圖復原法

這個方法是以暴露療法的原理為基礎，再搭配一些我曾親身實踐過的做法，因為它們對我個人及我的部屬很有幫助。各位可以透過在心中默想的方式練習此法（例如：走路上班時，邊走邊想），或是找一位熱心的朋友陪你一起練習。我個人偏好把它寫下來，因為我發現這麼做有個優點，就是日後再重讀時，可以順便了解你是如何解讀當時的處境。

1. **花十五分鐘完成準備工作**

我認為少於十五分鐘，恐怕不足以把整個情況想清楚。你可以花十五分鐘邊散步邊想，也可以靜靜坐著想，或是準備好紙筆用寫的。仔細回想究竟發生了什麼事，而且要儘量想起細節。記得設定鬧鐘提醒，各位或許會覺得十五分鐘好長，但其實如果你有認真回想當時的細節，說不定十五分鐘還不夠呢。

2. **先從「如何／怎麼」開始分析**

請開始回想那時候的一連串事件，並且按適當的順序整理出來，接下來你就必須深入分析，目標是儘可能回溯到「源頭」。剛開始可能會有點困難，我們就以某個被開除的人為例來做說明吧。

這事如何發生的？→因為我每天上班都遲到，而且完全不鳥我上司。

你怎麼會每天上班都遲到？↓就睡過頭啊。

你明知道隔天要上班，怎麼會睡過頭呢？↓呃，就太晚睡嘛。

你既然知道自己必須早起，怎麼會晚睡呢？↓因為我不覺得每天晚到一點有什麼大不了的。

請各位就像這樣，一直自問自答到找出問題的根源為止。不過，各位並不會在一夕間就找到答案，這時候，若有個能夠逼問你的朋友會很有幫助，因為我發現大多數人往往很快放過自己，要是你找不到這樣的朋友來幫忙，那你只好一直追問自己「如何／怎麼」？而且要連問七次，這樣才有可能揪出問題發生的根本原因。

3. 接著追問「為什麼」

當你找到原因後，你必須質問自己，你為什麼會做出這樣的行為。接續上面這個例子，你必須弄清楚，為什麼你的上司都已經看到你每天上班遲到，你卻還覺得無所謂，難道是因為你覺得自己比上司還厲害嗎？你為什麼會這樣想呢？還是因為你想引起別人的注意？那我們就來弄清楚原因吧。是因為你覺得自己被大材小用，所以即便上班遲到，也不會影響到你的考績嗎？

這個步驟最大的重點就是，你絕對不可以怪罪別人。各位可還記得，之前我曾說過，只追究你自己能夠控制的部分就好，因為你無法控制上司在職場上的行為，你只能控制你自己的行為。如果你的答案是：「我之所以會這樣，是因為我上司是個白痴。」那你就必須從頭來過，不可以把別人當成究責的重點。你無法改變你的上司，但你能改變你自己的行為，讓你有能力更妥善處理這些問題。

4. 用「什麼」繼續追根究底

假設你覺得自己做這份工作有點「大材小用」，所以你才敢大剌剌地遲到。或是你覺得這份工作已經沒什麼挑戰性了，上班只是來作作樣子、敷衍了事，那你可以做點什麼來改變此一情況呢？你能跟你的上司談一談，請他讓你擔任更吃重的角色？你每天早點起床，趁著上班前花點時間發展你自己的副業？繼續追問直到你找出至少三或四個你可以做到的選項，依照你對它們的偏好程度依序排列，然後開始著手追求你的目標。

若你每次都能運用上述這個方法認真檢討你的創傷經驗，你將會變得更有實力，而且下回你再遇到令你不愉快的場合時，你會更懂得該如何因應。

第4章

拋開完美主義和別人的看法，釋放內心不適感

你是「人來羞」型的人嗎？沒有聽眾的時候，就跟那些在ＴＥＤ上發表演說的大師一樣口若懸河、辯才無礙；面對鏡子的時候，就能侃侃而談你的成就與你這個人；沒有旁觀者的時候，你就可以做出完美的倒立；當你私下表演的時候，彷彿綜藝天王上身，說學逗唱樣樣精采。

要是你對以上敘述深有同感，我就好心告訴你那是怎麼一回事：因為你很在意別人的意見，或者說得更精確些，你很在意別人對你的看法。我們之所以會在演講中途、話講到一半說不下去，並不是因為忘詞，而是因為瞄到台下有位聽眾，正是我們最在意其看法的人。在受訪時，無法暢談你的每一個非凡成就，不是因為你記不得細節，而是你害怕對方覺得你臭屁，所以只好略而不提。

總之，不論什麼樣的場合，只要多了「別人」這個因素，眼前的情勢就會令你感到不適；那其實是我們害怕別人的評斷而產生的煩惱。不過，我敢保證，其實每個人都有這樣的困擾，不光是你而已。

完美主義會讓自己陷入困境

其實，我也是完美主義的受害者。因為過度在乎別人對我的看法，讓我在人生的各個階段及公私兩方面都「受害匪淺」。像我曾經暗戀過幾位男士，但因為我很怕他們覺得我是個傻妞，所以從不敢讓對方知曉我的情意。我也曾讓夢寐以求、而且絕對能勝任的工作白白溜走，就因為我害怕面試官會覺得「這傢伙真是厚臉皮」而不敢積極爭取。還有，每次跟朋友或同事去唱 KTV，我明明很想跟大夥兒一起合唱，卻因為害怕他們嫌棄我的歌喉而作罷。（都快四十歲了還在害羞個什麼勁呀我！）

你們也會這樣嗎？我敢打賭各位也好不到哪裡去，這是因為我們大多數人，多少都想在別人面前呈現完美的一面。我們不只在乎別人的想法，還很在乎他們對我們的期待，那會害我們內心產生嚴重的不適，但那其實是庸人自擾。比方說吧，假設妳是個媽媽，妳就會擔心別人期待妳當個體貼入微的盡責母親；如果你是個領導者，你就會擔心別人期待你當個大無畏的戰士，隨時能率領部屬赴湯蹈火；如果你是個小助理，你會擔心主管期待你要畢恭畢敬；如果你是個爸爸，你就會擔心家人期待你永遠能提供他們生活所需。

要一直扮演好上述各種吃重的角色，可不是件易事，但是對於我們這種重度完美主義者來說，卻會覺得責無旁貸、義不容辭，但那樣的心態卻有可能對我們自身造成危害。（研究顯示，極端完美主義者與自殺率之間有直接的關聯。）當完美主義者覺得自己辜負了別人的期待，會感到一敗塗地，而這也就是我們許多人不願挺身而出、有所作為的原因，因為我們相信，自己一定會令別人失望，也令自己失望。

其實，我們忘了一件事，那就是根本沒人在乎，至少不像我們自以為的那麼在乎。研究顯示，我們全都過分高估別人對我們的意見。真相是，大多數人忙著思考自己的事都來不及了，哪有空會想到你。我是在演講時做出這個結論的，我內心的不適主要是來自於擔心聽眾是否會不喜歡我的手勢、或是我在台上走動。但是，我仔細觀察台下的聽眾，我發現他們根本沒在想著我，這點我非常確定。因為每回我去聽演講時（通常我都很專心），我很少會特別注意演講者；真的是這樣，我並不會特別注意演講者說了什麼，或是如何走上講台的。等他們開講數分鐘後，我的眼睛也不會一直盯著對方看，而是思考他們演說的內容、跟我個人及我的人生有什麼關聯。

心理學家把這種現象稱作「聚光燈效應」（spotlight effect）——意思是指我們高估別人對自身的注意程度。請各位試想，要是你知道別人根本不會評斷你，那你的作為與成就或許會大不相同；你或許就比較敢在團體中表達意見（從前的我可不像現在這麼敢暢所欲言，並非我不確定自己講的對不對，而是一想到其他人會怎麼想，我的心就涼了半截）。你可能比較敢穿上顏色鮮艷的衣服；也不必在意別人認為你不夠格，敢積極爭取你想要的工作；你也比較不會疑神疑鬼，認為對方會瞧不起你，而不敢向心儀的對象告白。

如果你就是這種很在意他人的人，那你並不孤單，其實，許多家喻戶曉的公眾人物也有同感。主演《暮光之城》系列電影的美國女明星克莉絲汀・史都華（Kristen Stewart）就曾表示：「我非常在乎人們的想法。我是個演員，我只在乎能被觀眾理解，我只想表達自己。」我們每個人都因為害怕別人的看法而飽受煎熬。

你的不適感都跟太在意他人眼光有關

但為什麼我們會這麼在意別人的看法？因為想要討人喜歡乃是人性不可或缺的一部分，而且是從類人猿時代就開始抱持這種心情了。這種設計其實是為了幫助我們存活下來，各位不妨想一想，你是不是很高興別人的想法跟你一樣？你有沒有注意到，當你在團體中發言時，你會不自覺地對著那個不斷點頭稱是的人講話？還有，老闆是不是特別偏心那些附和他們的同事？IG的人氣之所以能快速超越推特，其實也是基於同樣的理由：IG是自大狂的同溫層，靠著按讚與阿諛奉承的留言互相取暖，而推特則是一個公開互嗆與表達異議觀點的空間。

由於這個特質就存在於人類的生物構造當中，所以我們真的是情不自禁。跟同族的人和睦相處，我們才能待在其中。當你活在一個食物稀少的嚴酷環境，例如：人類祖先那個時代，只有聚在一起的一群人才能夠活下來。這種團結力量大的情況，在真人實境秀節目裡格外顯著，不論是美國CBS電視台的《老大哥》（*Big Brother*），還是英國的《船難求生》（*Shipwrecked*）及《我是名人，帶我離開這裡》（*I'm a Celebrity... Get Me Out of Here!*），或是美國的科幻影集《殖民地》（*The Colony*）……全都是基於相同的前提——盡全力讓你自己繼續待在團體裡，即便為此你必須掩飾一部分的真面目也在所不惜。

不是只有我這樣說喔，美國的加州大學洛杉磯分校曾經做過一項實驗，科學家追蹤一群青少年的大腦，了解他們貼在社群媒體上的照片被其他人按讚時，他們的大腦會有什麼反應。當這群青少年看到自己的照片獲得大量的讚時，他們腦中負責「獎勵報酬」（會令心情愉悅）的區塊，會像座夜晚的露天遊樂場一樣亮起來。

然而更有趣的是，對於同儕已經大量按讚的圖片，更有可能獲得這群青少年按讚，這是巧合嗎？還是證明我們完全「不幸而言中」，我們竟然如此在意別人的眼光、到達任人宰割我們自身喜好的程度。

我們究竟是在怕什麼呢？畢竟我們已經不像古早人類必須群聚才能生存下來。（不過，有眾多研究顯示，遭到社群排擠的人會感到憂鬱和焦慮。）如果我們跟周遭的人意見不同、或是令他們失望，我們的下場究竟會有多慘？要是我們失言了，有可能會惹惱群體裡的一些人，這沒啥大不了的；如果我們在公司的派對上講了個黃色笑話，有可能被一些同事討厭，那又怎樣……不過，情況恐怕沒那麼簡單，因為在現今的世界裡，我們已經不再是為了身體的存活而奮戰，而是要求得社會生存（social survival），後者的可怕程度，堪稱是「不適的地雷區」。

害怕出糗而不敢行動，阻礙自己的進步

在西方世界裡，我們會給予成功人士極高的社會地位，但那並不表示我們對住豪宅開名車的人，或是住小套房搭公車的人「大小眼」，而是說那些在他們的社群裡獲得尊敬的人，的確比較吸引我們。研究人員發現，我們對於社會地位的興趣，更勝於賺大錢。此說獲得某份調查的支持，假設兩種情況，你想選擇以下哪一種？一是你的年薪五萬英鎊（約新台幣一百九十三萬）、朋友年薪兩萬五千英鎊（約新台幣九十六萬），二是你的年薪二十五萬英鎊（約新台幣九百六十五萬）、朋友年薪上百萬（約新台幣三千八百六十一萬），結果大多數人會選擇一。

如果我們不是以收入多寡做為衡量社會地位的尺度，那所謂的社會地位崇高是什麼意思呢？社會地位崇高者，是眾人會聽從的那個人，亦即其他人爭相仿傚（通常是出於下意識）的對象。這種情況在職場裡即可見到，辦公室同事突然開始模仿主管的穿著打扮或是說話方式，心理學家把此現象稱作「聲望暗示」（prestige cue），聽從與模仿團體中最受矚目的那個人。社會地位崇高，有很大一部分來自於你的意見受到眾人的推崇。各位曾否想過，在你的團體裡，誰的社會地位最高？只要展開一場辯論，

然後看其他人會附和哪個人，就可獲得一個有效且正確的結果，屆時答案有可能跌破眾人的眼鏡。

既然人人都想擁有崇高的社會地位，那我們肯定不想失去它，更不想淪為「下流人士」，所以我們會不計一切代價避免發生這種慘劇。而那也就是為什麼，我們會覺得在其他人面前表現自己是有風險的。別忘了，社會地位有可能在瞬間失去、且一去不復返。對於這一點，曾經擔任英國工黨黨魁的艾德．米勒班（Ed Miliband）恐怕最有感了。二〇一四年他在地方選舉跑行程時，被記者拍到一張他在吃培根三明治的照片，各位或許會想，這有什麼好大驚小怪的；但照片裡的他眼睛半張、肉汁不斷從三明治滴下來，結果在網路上被人瘋狂轉傳，甚至在一年後的英國大選前夕，再度被《太陽報》（*The Sun*）翻出來大做文章，還配上這樣的標題：「這就是艾德對無助的三明治幹的好事，四十八小時內，他有可能這樣搞垮英國，天佑培根啊。」

用米勒班未能優雅進食三明治、來暗喻他沒能力擔當英國未來領導人的言論，猶如野火燎原般迅速傳遍網路社群與英國媒體。網友還對照片做出各種惡搞加工，並標註上「艾德吃東西」（#EdEats）的主題標籤。結果工黨在該次選舉中大敗，米勒班為敗選辭職下台，他的政治生涯也因此結束。他不但成了眾人嘲諷的笑柄，而且還喪失了他的社會地位；當他一旦失去了社會地位，未來幾乎不可能再領導任何人。

所以各位見識到了吧，社會地位不但有可能在瞬間喪失，而且後果簡直「慘絕人寰」。但是，我們若因害怕喪失社會地位而憂心忡忡，反倒會對我們造成更大的危害，因為它會阻止我們採取必要的行動，我們的人生就不會進步。

想要引人注意，須付出雙倍力氣

記得提醒自己，別人其實並沒那麼關注我們。不過，別人關注我們的程度，究竟比我們自認為的少多少呢？根據研究顯示，大約少了五成。這可不是個小數目，因為這樣看來，幾乎可以斷定他們根本沒有注意到你衣服上的汙漬、扁塌的髮型，以及你說話時比的手勢；真的完全沒注意到，光是知道這一點就讓你鬆了一口氣，對吧？

如果人們對於你的作為只注意到一半，那就表示，當你真的想要引起人們的注意時，你必須調高所有動作的「音量」才行。

當你在演講時，手臂要完全張開（你會發現演說大師多半都是這麼做的）。對著一屋子的人演講時，你可以用兩倍的音量說話，也絕不會有人覺得不尋常；還有，當你想要強調某些重點之前，把停頓的時間延長一倍。我把這種做法稱之為「加倍賣力」（doubling up），各位儘管照我的建議做，完全不必擔心有人會批評你。他們會注意到你嗎？肯定會的，因為你的表現達到正確的程度，而非因為你害自己出糗。

各位儘管放心大膽一試。我建議各位可以試錄一段演說，記得要找個人來聽，朋友或同事都行。拍第一個版本時，用你平常的方式說話；拍第二個版本時，記得所有東西都要「加倍賣力」，演講過程中，你的走動範圍可以擴大至兩倍。各位可曾注意到，職業演說家在舞台上走動的範圍很廣，但聽眾並不會覺得有何怪異之處。接著，請把雙臂完全張開，我知道你會覺得很彆扭，但姑且就先照我說的做吧；還有，當你想要強調某個語詞時，請用平常的兩倍音量大聲說出來吧，你或許會覺得自己像是在嘶吼，但其實不然，你要有信心。至於停頓……這也是大多數演講者誤解的地方，大家都以為演講中途出現停頓很可怕，但我要請各位試試看，很自然地把停頓的時間拉長為兩倍，然後再開口說話。你會覺得時間彷彿過了一世紀那麼久，但其實只過了幾秒鐘而已，各位儘可放心，不必感到不適。

當你以這兩種方式演練時，你的感覺會差很大，第一種會令你覺得安適自在，第二種則會讓你覺得很誇張，但你之所以會覺得不自在，是因為你一直擔心自己會出糗。現在請把影片倒回來看，你有注意到兩支影片的差異其實很小嗎？只不過第二支影片中的你，演說的樣子顯得更流暢、更有說服力，而且更有震撼力。在這群觀眾眼中，看到的是一個聰明絕頂且唱作俱佳的演說者。

把你的恐懼攤在陽光下

我們會害怕別人對我們抱持負面的想法，其實是對自身恐懼的一種投射。假設某人對你說：「你的綠色頭髮醜死了！」你很清楚不必理會他，因為你明知他在胡說八道。（呃，除非你買的自助染髮劑出包了。）但如果有人對你說：「你在那個專訪中說的話根本沒有權威性！」那你就會信以為真，因為它呼應了你內心對於自己的負面評價。

各位或許聽過這樣的建議：「別再相信那些會傷及自身的負面言論。」但本書並非撫慰心靈的勵志型書籍，我也不是很會替人加油打氣的作者；要是人生真有那麼好混，我們大可不理會一切事物，更不必耿耿於懷：「我穿這件衣服會不會顯得很胖？我講話時的手勢會不會太多？我身上噴的無味體香劑是不是還聞得出來？」要我們無視負面言論，真的很難辦到。

所以，我的想法是，**你就大膽挺身而出，坦然面對別人會怎麼看你的那份不適吧**。**正視你的感受**，不管是開會前擔心上司想法的忐忑，還是在意新約會對象看法的緊張，乃至於演講前擔心聽眾會對你「品頭論足」的不安。而且要**把你內心的這些不適，坦白告訴別人；當你明白說出內心的不適後，你反而會覺得心中一片坦蕩**。

這感覺彷彿卸下手銬腳鐐那般暢快，但那具枷鎖其實是你自己打造的。當你把一個長期深藏在內心的想法或感受釋放出來，你的心靈也會跟著重獲自由，否則天主教徒幹麼要跟神父告解？

當然，我的意思並不是說，各位的終極目標，就是徹底拋開你的羞辱感與內在不適；因為羞辱感與內在不適，其實具有即時提醒我們行為失當的功能，所以你應該善用此一功能，並且知過能改。然而任何一種情緒都應適可而止，否則反倒會造成危害；若我們因為過度在意別人的想法，而對自己的一切作為感到羞恥，這就太過極端了。更糟的是，我們最後有可能呈現出表裡不一的自己。

不妨先跟某個你信任的人，不管是好友、伴侶，或是認識多年的同事談談，也可以跟那位陪你一起錄製影片的人聊聊，把你的感受告訴他們。假設你即將出席一場大型會議，你可以告訴他們，你對於出席者的意見感到很「緊張」。最好能說明細節，具體說明你究竟在緊張什麼，因為你未必是對整場會議感到緊張，而是其中某項因素令你感到不安。搞不好你只是擔心上級要你提出意見，但是你毫無頭緒，所以覺得很緊張。他們會怎麼看待你呢？他們會覺得你很蠢嗎？認為你不能勝任這份工作？抑或是因為與會者當中有許多強勢的人，一想到要在他們面前表達意見你就頭大。只要如實說出究竟是什麼事情令你內心忐忑不安，你說不定就會發現以下四件事，是你之前從未曾想過的——

一、其實，每個人的感受都一樣。光是知道這一點，你就會覺得好過些。

二、聽你訴苦的那個人一定會非常驚訝，因為根本沒有人那樣想，你其實是白擔心了。像我就經常遇到這種事，我告訴某人我覺得好緊張，結果對方認為我是庸人自擾，並且向我保證：「事情並不像你想的那樣。」他們說的是真的，相信我。

三、你會覺得身心舒暢。研究顯示，把不愉快或負面情緒悶在心裡，不只有害身心健康（悶葫蘆型的人較易罹患心臟病），而且還會害我們無法認清自己的真面目。

四、你會覺得自己很勇敢，並為自己感到驕傲，就這麼簡單。這其實是個極大的激勵因子，因為很多人終其一生都不曾有過這樣的感受。

在此我要花一分鐘說明第四點，因為很多人都低估了自覺勇敢的力量，但這其實與人類意識（human consciousness）息息相關。**當你覺得自己很勇敢，你就敢面對人生中的任何挑戰。當你處於那樣的心態時，你就不會在乎別人怎麼想。**

坦承自己內心的不安，是世上最勇敢的事之一，但我們絕大多數人卻避之唯恐不及，何以如此？因為我們以為向別人示弱，我們就會輸人一截。但我已經舉了很多例子，證明別人根本沒那麼在意我們（其實是我們自作多情），所以你老實承認自己很害怕，究竟會有什麼損失？零損失；反之，你會得到什麼呢？全世界。

真相是，大多數人都會害怕，那些嘴硬的人，要麼是天真，要不就是自戀。但不管是天真還是自戀，其人生都是有隱憂的。天真者的隱憂在於，他們對眼前的困境一無所悉，所以他們不覺得在五百人面前演講，或是接受一場難應付的專訪，有什麼好怕的。但是，當他們實際上陣時，才發現事情大條了，結果當場被嚇到手足無措。那就是我們之前提過的「被不適嚇癱」，這種景象對觀眾及那位天真的當事人而言都是慘不忍睹。再者，當發生這種事時，你擔心表演凸槌的惡夢就成真了！

所以，聰明人會坦承他們感到害怕，如果是告知別人，那就更理想了。他們會如實說出自己的內心有哪些不適，這就是暴露療法的運作方式；你要儘量暴露在你害怕的事物中，而非偶一為之。臨床文獻顯示，只要這麼做，人們的害怕程度會減輕，甚至會變得比較勇敢。但重點是，他們必須是自願這麼做，才會變得比較勇敢，如果是非自願的，就會產生相反的結果。所以，如果你很害怕別人的看法，你就大方承認此事，你必須搶在別人「爆料」之前，自己把它說開來。你自己主動表示：「我很害怕在五百人面前演講。」跟別人對你說：「你很害怕在五百人面前演講，對吧？」兩者的差別是很大的。

當你主動爆料自己害怕某事（例如：別人對你的看法），你便進入了「挑戰心態」，而我們之前便曾說過，挑戰心態會引發正面的情緒。坦然面對你的內在不適，還會產生一個意想不到的好處——大家喜歡這種行為。他們會佩服你，覺得你很勇敢，他們甚至還會見賢思齊，覺得自己以後也要這樣過一生。

在此舉一個真人實例，已故的英國知名歌手喬治．麥可，曾在一九九一年接受當時英國最紅的談話節目《帕金森秀》（*Parkinson*）專訪。話說在上節目的數個月前，他被人發現在美國比佛利山莊的一座公廁裡買春，此事因為兩大原因成了轟動一時的頭條新聞。其一，之前根本沒人知道他是同性戀；其二，他居然是在這種情況下被迫出櫃。（喬治．麥可還『呷好逗相報』，如果你要在公廁裡做那檔事，他大推比佛利山莊的公廁；我曾入住那間公廁對面的飯店，所以我也相當認同那裡的公廁的確比較讚。）

由於這是喬治．麥可在事件發生後，首次公開接受訪問，之前他一直拒絕談論此事，所以全世界都等著聽他怎麼說。大家猜測，他在這二十分鐘的訪談中，肯定是說些經過公關專家指導的場面話。他也知道，從他一出場，大家就會開始算時間，看主持人要跟他閒聊多久，才會把話題帶到那晚在公廁裡究竟發生了什麼事。此事肯定令喬治．麥可很頭痛，那他打算怎麼做呢？

訪問開始沒多久，主持人帕金森正伺機切入此話題之前，喬治．麥可竟然主動提起這件糗事，他輕描淡寫地表示，真希望自己不是因為在公廁買春被逮，而不得不讓世人知道他的同志身分。那是個神奇的一刻，觀眾全看得出來，帕金森大吃一驚，反觀喬治．麥可，在說完這段話後，首度露出如釋重負的表情。他選擇主動面對他的不適，而非等別人開口問他，此舉讓他順利掌控了局勢。當喬治．麥可決定自揭瘡疤，別人就喪失了羞辱他的機會，但更重要的是，他讓世人見識到他的勇氣。

在該次訪談後，喬治．麥可再度成為樂壇寵兒，他的專輯銷售量竟大增了七成。（有趣的是，米勒班在「培根三明治事件」後，也採取了類似的做法，坦然面對自己的不適──他把自己穿著皮衣、大啖培根三明治的照片，製成聖誕卡片寄給眾人，收到這張聖誕卡的人，在會心一笑之餘也更愛他了。）

蘇珊．麥克塔維西．貝斯特（Susan MacTavish Best）則是另一位不畏人言的勇者。她是美國矽谷知名的生活美學大師，經常宴請科技、商業、學術與藝術界的重量級人士，她家隨時都會見到諾貝爾獎得主與大牌作家相談甚歡，或是電影製片跟科技新貴閒話家常。而其中的核心人物，就是蘇珊這位優雅的女主人，她像個稱職的外交官穿梭全場，親切地招呼所有賓客。即便置身在這群世上最有權勢的人當中，她的舉止依然落落大方，顯見她並不在意別人的眼光，令人好奇她究竟是怎麼辦到的。答案竟然是，她曾經歷過可能會終結其事業的重創。

二〇〇二年一月二十五日深夜，她在活動結束後清理現場時，未留意到客廳某一處的餘火未熄，結果不小心引火上身，火焰瞬間竄上她的臉頰，還延燒至身體。

她說：「當時，我還以為臉上沾到了棉花糖，但當我伸手想要拍掉它時，我才驚覺我的臉著火了。」接下來的事情她並不是記得很清楚，她只記得自己趕緊跑去沖水，還巡視了整間屋子，確定沒有其他地方著火，之後便聽到消防車趕到的警笛聲。

意外發生後的最初幾個星期，她的狀況極糟，四肢全被紗布包覆還被懸空吊高，像是真人版的布娃娃。幸好，最終度過了危險期，但是，她全身有百分之二十的皮膚面積受到二到三級燒燙傷，她的大腿、手腳及臉部的傷勢都相當嚴重；唯一值得慶幸的是，事發當晚她戴著眼鏡，所以視力沒有受損。雖然沒法照鏡子，但她可以感受到自己傷勢不輕，事實上，她的整張臉從額頭到下巴，布滿了化膿起水疱的小丘。原本如陶瓷般光滑的臉蛋，現在看來卻像月球表面，想要回復之前的樣貌，恐怕得靠奇蹟出現。

當她住院數週後出院時，隨即面臨一個重大抉擇，過去在社交場合意氣風發的她，如今要因為外表改變而躲起來不見外人，還是要勇敢面對別人的注視與指指點點呢？

最後，她選擇勇敢面對：「我不想人生就此停滯，所以休養了幾個星期之後，我便辦了一場大型聚會，我把還沒痊癒的那隻腳抬高、放在廚房的工作檯上為大家下廚。有幾個人稱讚我很勇敢，竟然敢讓大家看到我這副模樣，聽到這些話我的確有點不開心。不過，最後我完全不在意了，因為大多數人根本什麼話都沒說。」

學會釋放內心的不適

最後，想要真正做到不理會別人怎麼想，你必須很清楚自己是什麼樣的人。但這說來容易卻很難，因為我們很怕遭到排擠（出於下意識），所以從不曾展現自己的真面目，也不知道自己真正的想法，有些人甚至就這樣糊里糊塗地過了一輩子。我們為了不被別人排擠，只好人云亦云，到最後，根本分不清楚那些話究竟出自誰的口中。

從現在起，請說出你內心真正的想法，不管那些話是很嚇人，還是充滿創意，你唯一要在意的是，說出這些話時的感受，你覺得自己變強還是變弱了呢？如果你的感覺是後者，以後就別再說這些話，反之，你要繼續說那些會讓你變強的話。

你內心的不安來自於害怕別人會怎麼想，排除這份不適感的關鍵，就是提醒自己——大多數人根本對我們沒意見。認清這個事實，你的心情就會變得海闊天空。還有一件事非常重要，要是你仍然很在意別人的看法，趕緊請教你信賴的好友，這位見解中肯且關心你的人，一定能幫助你釋放內心的不適。他們會誠實地告訴你，你的害怕是有憑有據，抑或是空穴來風、只是出自恐懼的一種投射，你會發現答案通常是後者。誠如美國作家歐林・米勒（Olin Miller）所說：「要是知道別人根本很少想到你，你可能就不會那麼擔心別人是怎麼想的。」

第 5 章

想破頭找解方，不如靠靈光乍現的直覺

數年前，我曾受邀在一場大型研討會上訪問一位科技公司的創辦人。主辦方並沒有告訴我相關的細節，所以，我只知道我將在大會結束前的三十分鐘在台上訪問此人。等我跟受訪者抵達現場時，才發現待會我們是在兩萬人的面前進行訪談，之前我遇過的最大陣仗才五十人。那位科技大亨看著我、我也看著他，我們兩個就像突然發現「事情大條了」的孩子般相視傻笑。面對這突如其來的考驗，我們毫無任何脫困計畫。

有點歇斯底里的秀導在後台大聲嚷著：「天呀，觀眾多到爆棚！而且他們都很興奮！這場訪問是大會的壓軸好戲，二位就把自己當成搖滾巨星，上台去吧。」

搖滾巨星最好有這麼好當！待會我要訪問的那位先生，只是一位穿著筆挺襯衫和牛仔褲的科技業老闆，就算再有魅力，也稱不上是搖滾明星。而我雖然穿著正式禮服，充其量只是一位中年的資深記者，我們堪稱是地表最不像搖滾巨星的平凡二人組。然而，在後台工作人員開始倒數計時的當下（六十秒、四十五秒、三十秒……），秀導居然還補上最後一刀：「喔對了，待會你們二位得先站在觀眾前面十五秒，好讓我們拍幾張照片。」話才剛說完，就聽到主持人唸出我們兩人的名字，我們只好硬著頭皮站到聚光燈下。我猜想，像英國搖滾歌手米克・傑格（Mick Jagger）、美國流行天后碧昂絲（Beyoncé）這種如假包換的大明星，看到眼前兩萬張笑臉應該會很開心，因為大家都是衝著他們來的。但是，當我們兩個偽搖滾巨星出場時，台下沒有任何人在笑，而是不解地皺著眉頭。

我完全不知道該怎麼辦，也不知道該向誰討教兵，或是怎樣才能讓台下的觀眾 high 起來。我絞盡腦汁想要透過理性思考得到一個答案，可惜我什麼也沒等到。我覺得時間好像已經過了一分鐘，我全身開始被不適包圍。儘管現場的溫度高達攝氏三十度，我的身體卻像剛從冷凍庫裡搬出來的肉品般僵硬。我拚命替自己加油打氣，別慌、別慌，但我究竟該怎麼辦?!

幸好奇蹟出現，我的直覺突然出手相救，而且這是多年來我第一次聽從直覺的指示。我居然急中生智，請現場兩萬名觀眾把他們的手機向上高舉，並且開啟閃光燈，幫我們來張巨大的自拍合照。天底下最瘋狂的事發生了——他們不只乖乖聽話照辦，而且他們的手還一直高舉在空中整整十五秒，讓我跟受訪者有足夠的時間「搔首弄姿」，並用我們的手機拍照留念，那位歇斯底里的秀導也順利拍了照。我的受訪者在訪談之前，得以放鬆心情冷靜下來，我也很幸運沒在滿堂觀眾前凸槌，那真是非常難忘的一刻。當你置身於自己完全無法掌控的不適困境時，你唯一能仰賴的救命工具就是你的直覺。

直覺是最好的判斷依據

要是當時我呆站在台上，多等個千分之幾秒，祈禱我的理性能夠想出一個合乎邏輯的處理方式，我敢打賭我的身體肯定會先投降。在我期盼大腦能夠有條不紊地想出個解決方法之前，身體恐怕已經「被不適嚇癱」，然後一切就完蛋了。幸好我的直覺猶如天降神兵給了我答案，及時救了我一命。

但直覺其實只是一堆情緒，對吧？沒錯，直覺是一種預感，也就是大家所說的第六感，但直覺也是人體最有用的工具之一。消防員、飛行員及軍警，在遇上緊急狀況時，往往會求助於直覺。事實上，研究直覺與本能的美國心理學家蓋瑞・克萊恩（Gary Klein）彙整許多研究後發現，陸軍軍官的決策有百分之九十六是靠直覺做出來的，至於海軍軍官也不遑多讓，僅僅少了百分之一。

這是因為在遇到生死交關的重大不適時，你既沒有充裕的時間可以慎重思考，而且你的身體就快要被沉重的壓力給壓垮，理性思維通常來不及反應，一味地苦等它現身，只會迎來焦慮；隨著焦慮升高，你期待能夠救你一命的聰明想法，反倒亂成一團，使你更加焦慮。於是，你在不知不覺間進入極度恐慌模式，接著便直接墜入「被不適嚇癱」的地獄。

為什麼人在千鈞一髮之際，直覺反而比理性思維更管用？那是因為身體會更快察覺不適。比方說，查詢銀行戶頭的餘額，明明只是件小事，卻會讓人膽戰心驚。在等待數字出現的過程中，你的恐懼會逐漸擴大，而且莫名感到口乾舌燥，有時甚至會想吐。雖然你的理性告訴你：不就是一堆數字嗎？才不是哩，你的身體很清楚那些數字代表的意義，它是一面照妖鏡，誠實映照出你那寅吃卯糧的悲慘人生，那是你不為將來打算、胡亂消費造成的結果。這些數字呈現出你這個人的真實性格與人生，所以才會令你覺得不舒服。

那也正是理性思維不可靠的原因，因為它是可以被操弄的。它可以按照你的意思重新安排一套說詞，講你喜歡聽的場面話、而非忠言逆耳的老實話。那身體呢？身體的反應是無法操控的，壓力來時，你的心臟會撲通狂跳，手心和人中會不停冒汗。

你的直覺不只能比大腦運作得更快，而且它不會撒謊；你的直覺可以在電光石火的瞬間，捕捉到一個微小的蛛絲馬跡，速度比大腦快多了。請各位試著回想，你曾否在晚上走夜路時，察覺前方有個鬼鬼祟祟的傢伙？我敢打賭，你連想都沒想就會立刻衝到對街。你之所以會這麼做，是因為你覺得：「那傢伙一個人在晚上出來遊蕩，我得小心提防。」「他朝我這個方向看過來，八成是在打量我的皮包。」「他為什麼要穿件帽T，而且還戴上了帽子！」

其實，這一連串的行為，可能都有合理的解釋。首先，他因為沒帶鑰匙進不了家門，只好先在街上閒晃，等他媽媽下班回家再說；而他之所以會瞄你，是想確認你是不是熟人，因為附近的人他全認識。至於他為什麼穿帽T還戴帽子？因為天氣很冷呀，他耳朵都凍僵了，而且那件帽T是知名設計師的作品，原本就是要拉上帽子才夠潮啊！

等你安全地「逃到」對街後，終於可以好整以暇地思考，並且仔細看看那個可憐的傢伙，或許你反而會笑自己太大驚小怪，可惜為時晚矣。畢竟天色那麼昏暗，而且你就是感覺事情很不對勁，所以你的直覺才會告訴你：立刻跑去對街！

在我看來，直覺就像是屹立影壇超過一甲子的英國女影星瑪姬・史密斯（Maggie Smith，電影《哈利波特》中的麥教授）經常扮演的「聰明老太太」，什麼事都逃不過它的法眼，哪怕再棘手的事，它都有辦法搞定。

違反直覺，身體會出現「異狀」

你曾否在面試時，遇到主考官刻意刁難？曾否在演講後，遭人從背後嗆聲？像這種時候，你根本無法指望你的理性思維，對吧？就算它真的來了，救援的速度也不夠快。因為在你運用理性想出適當的反應之前，你的身體已經出現一堆「異狀」：臉部抽搐、瞳孔放大、手掌或額頭或腋下「汗流成河」……你的緊張不適全都表露無遺。

各位若上影音網站 YouTube 鍵入「梅伊」（Theresa May）與「麥田」（wheat fields）搜尋，就會看到一段堪稱英國政治史上最驚悚的影片。那原本是一段輕鬆愉快的訪問，訪談主持人請前英國總理梅伊講講小時候做過最調皮的一件事，梅伊先是脫口而出：「我的天呀！」那是她的第一個直覺反應，但接下來她卻幾度欲言又止，還企圖想用記不得了蒙混過去；不過，她的身體卻不放過她，讓她在主持人及數百萬收視觀眾面前出了大糗：她的嘴角下垂、眼神飄忽。最後，在主持人的追問下，梅伊才表示，她小時候常跟朋友在麥田裡奔跑玩耍，惹得農夫很不高興。整個過程不到一分鐘，但梅伊臉上的表情極不自然，讓所有人尷尬到極點，那肯定是她從政生涯中最糟糕的一刻。往後英國人只要一看到麥田，肯定就會聯想起這一幕——氣噗噗的農夫拿著 AK-47 突擊步槍在後面拚命追趕，小梅伊則在麥田裡拔腿狂奔的畫面。

這與美國前總統歐巴馬（Barack Obama）的表現形成了強烈對比。數年前，歐巴馬在白宮遭遇一位抗議民眾，總統通常是不能跟民眾互槓的，甚至不能要求隨扈把民眾請走。（沒錯，即便遇上最挑釁的民眾，也只能由維安人員出聲要他們離開，而非由總統下令。）不過，被激怒的歐巴馬（雖然他的臉上仍舊掛著淺淺的微笑）還是忍不住對這人說：「你現在是在我家喔。」這是我們在家宴客、卻遇到無理取鬧的白目賓客時，一種既委婉又幽默的安撫方式，意思是拜託你閉上「尊口」好嗎？結果，旁觀者全都被逗笑了。（最終，歐巴馬還是打破慣例，要求警衛把此人攆出去。）歐巴馬的機智反應就是出於他的直覺，而非公關專家的指導；就算硬要雞蛋裡挑骨頭，指責歐巴馬的做法違反了總統的行為準則，但仍不失為處理不適困境的正確做法。

看到這裡各位可能會很好奇，同樣是遇到危急狀況，為什麼有些人能善用他們的直覺急中生智，有些人卻只能呆愣在當下？接下來請看這位消防員的故事，或許就可以解答各位的疑問。

消防員莎賓娜・柯恩・哈頓（Sabrina Cohen-Hatton）對於眼前這場火災只知道兩

件事：其一，火災發生在距離消防站不遠的一處民宅，且已經持續延燒了一陣子；其二，火場中有人受困。

事發當時，莎賓娜才二十四歲，但已經是英國南威爾斯某消防隊的大隊長。隊上其他消防員全都是男性，而且年紀都比她大，但她一站上消防車，他們全都排好隊聽她指揮。

「聽好了各位弟兄，這是一起民宅失火報案，裡頭的受困人數不詳，也不清楚他們的位置。」

如果沒遇上塞車，他們可在五分鐘內飛車趕到，莎賓娜忙著指揮隊上的兄弟，她擔任消防員迄今已六年，但每次一有報案電話進來，她的身體還是會做出一樣的反應：口乾舌燥、手心冒汗、心臟像是胸口裡有蝴蝶想要振翅飛出似的撲通狂跳。

他們順利抵達火災現場，那是當地常見的狹長型雙層（排屋）公寓，但這回情況跟已往不大一樣，現場很安靜，靜得很詭異，既沒人哭喊著救命，也沒有人指著某個窗戶說剛剛看到裡頭有個小孩。更沒有左鄰右舍過來跟她說明火已經延燒了多久、裡頭住了些什麼人。眼前所見就只有熊熊烈焰，整棟建築物已經陷入火海。

打電話報警的人說屋子裡有人，要真是如此，他們恐怕已經凶多吉少。莎賓娜必須立刻做決定：要派弟兄們進入火場救人，或是保護弟兄的安危，讓他們在火場外控制火勢，然後看情形再說。弟兄們都已經戴上防火面罩、等著莎賓娜發號施令，但理性思維始終未出現，莎賓娜必須趕快做出決定，這時，她只能依靠直覺了。

莎賓娜在接受我的訪問時表示：「當下，我決定不派弟兄進入火場。」這位個頭嬌小的正妹，握手的力道卻像世界女拳王那麼有勁。「那是場惡火，樓上和樓下的窗戶都冒出濃濃的黑煙，如果連樓上都著火，那表示火勢至少已經延燒三十分鐘了，屋內的人生還機率極為渺茫。」如果派弟兄們進入火場，極有可能危及他們的性命，所以她做出這樣的決定是正確的。

「幸好屋子裡根本沒人，真的是謝天謝地，不過，當時我們並不知道這點。」莎賓娜是在倫敦消防局的辦公室接受我的採訪，她那時已榮升為倫敦消防局的副助理局長。（她也是二〇一七年六月十四日的格蘭菲爾大樓火災發生後不久，便被派往現場負責調度的指揮官之一，那是英國史上災情最慘重且最具爭議性的火災之一。）

我們的直覺反應速度極快，所以像莎賓娜這種在分秒必爭的高壓環境下工作的人，常靠著直覺不假思索做出正確的決策。直覺究竟有多快呢？科學家發現，**直覺只須十分之一秒即可對刺激做出反應，甚至可以搶在大腦意識到發生什麼事之前，就先做出**

決定，所以，當你遇到刻不容緩的緊急事故時，就得依靠直覺定奪。

有個關於快速決策的研究顯示，必須在一秒內回答一個圖像問題的受試者，正確率竟然高達百分之九十五，而作答時間較充裕的對照組，正確率反倒只有百分之七十，難道是第一組人的猜運特強嗎？恐怕不是，科學家發現，作答時間較充裕的受試者，會因為資訊太多而影響其判斷。就像是你原本打算去星巴克外帶一杯熱的低脂拿鐵，但是，等你進到店裡，抬頭一看上方的飲料看板，想不到從你上回光顧之後，他們已經新增了七十九種咖啡選項，害你陷入了「選擇癱瘓」，你呆站在原地，遲遲無法做出決定，搞到後面排隊的顧客都不耐煩了。

既然直覺如此十拿九穩，為什麼我們會充滿疑慮？甚至把直覺跟作夢或巫術相提並論？像我之前就曾見過，當同事表示他們是基於直覺做出某些決定時，旁邊的人馬上露出一副不以為然的表情。那些人真的誤會直覺了，你的腦其實遍布於全身，事實上，身體的自主神經系統（負責調節身體的大小事，從心率到性興奮的頻率都歸它管）擁有的神經元，比整個中樞神經系統還多，難怪許多人把腸道稱為人體的「第二個大腦」。（直覺的英文〔gut instinct〕，讓某些人誤以為它只跟腸胃有關聯，儘管直覺的許多感受特徵似乎都跟腸胃有關，像是緊張到胃痛或想吐，但其實那是來自於全身的本能反應。）

令人好奇的是，為什麼有些人的直覺能做到料事如神，有些人卻只能瞎打誤撞？我們能否鍛鍊直覺做出命中紅心的正確決定呢？答案是肯定的。我們檢視莎賓娜的決策過程，會發現她的反應是相當有系統的，而且非常合乎邏輯。儘管她的反應看似出於直覺，但這直覺反應，其實出自於她對現場情勢的大量知識，而這些知識又是出自於她重複暴露於類似的經驗，並建立了所謂的「模式識別」（pattern recognition）。模式識別是一種人人都能努力培養的能力，它能幫助我們做出更精準的直覺決定。其實，各位說不定已經擁有這項能力了。

舉例來說，如果你很喜歡古著二手衣，你可能會經常到各種出售二手商品的地方挖寶，像是跳蚤市場、後車廂拍賣（car-boot sale，將舊物擺放在汽車後車廂中出售），或是慈善機構經營的二手商店；一段時間之後，你甚至只要踏進一間店，立刻就知道裡頭有沒有好貨，這就是一種「直覺」，或者至少你認為它是。但說穿了，其實是因為你在二手商店待了這麼長的時間，練就了瞬間判斷的能力，**瞬間判斷基本上是大腦用超音速判別眼前情況的一種能力，它通常是在你沒有意識到的情況下發生。它就像是能夠瞬間評估情勢的一種神奇力量，而且決策正確率高達九成。**

我明白各位很想擁有這種瞬間判斷的神奇能力，誰不想呢？當莎賓娜抵達那個民宅火場時，便是運用瞬間判斷能力評估現場的情勢。而我在聚集兩萬人的現場做出的神來之筆，其實也是因為我能瞬間判斷會場的情勢，只是當時我自己並不明白而已。為什麼我敢這麼說？因為我跟受訪者兩人之前都曾經歷過類似的狀況。（只不過我的場子觀眾人數少多了。）

莎賓娜告訴我：「我在處理這場民宅火災時，肯定參考了我之前曾處理過的其他事件，也參考了別人在這種情況下所做的決定，以及他們採用的戰略。」

我的情況也是如此，儘管在那場訪談之前，我頂多只在五十個人面前演講過，不過，其他類型的說話經驗倒是相當豐富。人說「熟能生巧」，但這話只說對了一半，因為它的意思是，你必須一再做相同的事情，才可能變得很厲害。但是，以莎賓娜還有我個人的經驗，乃至於警察局長和政治人物，再加上其他各種不同說服行業的翹楚的經驗看來，你未必要一再進入相同的不適圈，才能練就殺手級的直覺，你只須經歷過類似的場合即可。

莎賓娜指出：「曾有人告訴我，你可以花二十年做同一件事，也可以一年做二十種不同的事。當你擁有的經驗愈多、而且它們的性質愈多元，那麼你的直覺就會愈靈敏和神準。」

所以究竟該怎麼做呢？重點在於，人腦會找尋模式，它會從你曾經在三個陌生人面前演講過的經驗當中，找出可以套用在兩萬人面前演講的相同技巧。

它也會參考你曾經用三個不斷重複的音符，作出一首有趣的短歌，在你伴侶的生日會上演奏的這個經驗，用來寫出一首美妙的長曲。當你為了如何應付一位難纏的執行長而頭痛時，它會想到你之前曾經成功安撫一位情緒失控的小店經理。你的大腦就是那麼聰明，懂得參考既有的經驗應付新的狀況，你只須提供它足夠的素材就行了。

換言之，你必須把自己扔進不適圈。有些不適很嚴重、有些不適較輕微，但重點是**你必須經歷不適，才能建立一種模式，讓你在遇到逆境的時候有參考的依據**。因為**唯有在那種情境下，你的大腦才會建立一種固定模式，等到日後有需要時可以拿出來運用，就是這些模式讓你的直覺變得更靈光**。如果你覺得這些話聽起來很可怕，其實是你誤會了，因為你可以先把自己扔進一堆低度不適的狀態中，而這些經驗最終能幫助你安然度過高度不適的情況。

假設你的不適圈是在陌生人面前講話，那你不妨先從較小規模開始練習，只要一有機會在陌生人面前講話，就逼自己去挑戰。像是邀請即將結為親家的人，來你家共度聖誕節，並由你舉杯發表祝辭；或是與三、四名同事共進午餐時，練習發表一段簡短的感言。不管是哪種情況你都可以試試看，每個細微的差異、每個歡笑、每個錯誤，大腦都會加以處理及儲存，幫你架設好你的模式識別天線。

總之，你要儘量找機會練習，並且聚焦在你覺得最困難的部分，例如：開講前如何凝聚聽眾的注意力？你講的笑話沒人笑時該如何避免冷場？把它寫下來，等下次再遇到時，特別加強這部分。這麼做不僅可以增進你的技巧，還能提升你的直覺，日後你遇到類似場合就能夠很快進入情況。

至於我，我已經準備好重返同一個場子大顯身手，不同的是，主辦單位有先告訴我，這次的觀眾有六萬人。

第6章

靠善意的批評，讓你突飛猛進

幾年前，我曾入住一家飯店，他們在廣告中大肆宣傳擁有跑步俱樂部。由於我剛好有幾小時的空檔，再加上這幾天的大吃大喝，我想就去運動一下吧，於是向飯店櫃檯說好我要參加。但是，等我在幾個小時之後抵達現場時，發現那裡只有我跟教練兩人，說好的跑步俱樂部呢？教練是個年紀很輕的黃毛丫頭，搞不好連二十歲都不到，從頭到腳一身白，還真耀眼哪。

她非常興奮地對我大聲招呼：「你好！」聲量之大，彷彿要用她一個人的音量，彌補學員稀少的「缺憾」。

她強顏歡笑地對我說：「呵呵，今天只有咱們倆，所以我們有兩個選擇，一是按照我原先為一群人規劃的環島跑步行程，或者……」這時，她的眼睛亮了起來：「我們可以在樓下的小徑練跑；待會我先瞭解妳的跑步技巧，然後我們就可以開始跑步啦！」她看著我的表情，就像我家的狗兒看到我穿上鞋子時、一臉期待的樣子。

瞭解我的跑步技巧？看看我能跑或不能跑，是這樣嗎？喲，這不就像在派對上表演舌捲雪茄的絕活嗎？成或不成，當場就要驗收成果。但不是我在自誇，我其實還挺能跑的，十一歲時還曾勇奪地方上的一百公尺比賽冠軍。我可是手刀快跑的高手，膝蓋抬得超高、跨步大且有力，我才不需要別人教我怎麼跑。原本我是想打退堂鼓的，不過，一想到我搞不好是她這一整季唯一一個客人，我就心軟了，好吧，衝著這點，姐就陪妳玩玩吧。

我說：「那就請妳指點一下我的跑步技巧囉。」說完我們立馬上工。她叫我在小徑跑上跑下，每次我經過她身邊時，她就寫下一些筆記。有時候她會皺著眉頭，有時則是點頭稱許。等我跑到大汗淋漓、上氣不接下氣，終於跑不動時，她開始逐一說出我的缺點：

「妳跑步時，手肘會向外張開，應該要儘量貼近身體才對。

妳知道自己跑步的時候、眼睛沒看著前方而是盯著地面嗎？

妳有扁平足喔！所以腳底會磨蹭地面，這樣跑起來會卡卡的。

最後一點，妳的膝蓋會內旋，所以跑步後膝蓋是不是很不舒服？」（沒錯，真的是這樣，而且已經好多年了！）

其實，她還說了一大串，她每多指出一項我跑步的缺點，我的下巴就再往下掉一點；她形容我過去二十多年來、都是以放山雞的方式在跑步。雖然這妹子講話有夠直白、讓姐很沒面子，不過，重點是，這些缺點全都可以矯正，她告訴我：「只要妳照我說的方式跑步，等這堂課結束後，妳就會發現狀況改善了。」她說得沒錯，接下來的一個小時，我以一種全新的方式跑步，並且特別留意她提到的那些缺點：腳掌要離地、膝蓋不要內旋、跑步時眼睛要看著前方、手肘要緊貼身側，緊到我都懷疑好像磨破皮了。

但我不得不說，那堂跑步課真的太神奇了，我覺得腳步突然變輕盈了。過去，我一向比較擅長短跑，習慣短距離的衝刺，也總以為自己不可能跑超過十公里的距離。但在上完那堂課之後，我開始嘗試長跑，現在即使跑好幾公里，膝蓋也不會再刺痛了。而這一切，全都是因為我起初基於同情那位招生失利的小女生、並且乖乖聽她的指導，練跑了一整個小時所獲得的成果。

虛心受教，才能真正修改錯誤

當各位聽到「反饋」一詞時，心中做何感想？你會聯想到那位面惡心更惡的頂頭上司，面前擺著那張記錄了你整個職涯表現的績效評估表，正準備對你大肆開罵？還是你會想到某個心理變態的同事，大言不慚地說他是「為了你好」，所以才會那麼「好心指正」你在工作上犯的每個錯。換言之，當我們提到反饋一詞時，鮮少會產生正面的聯想。但如果你想讓自己的人生出現重大轉機，反饋其實是最簡單，效果卻是最強的工具之一。不過，有個重點要注意：反饋就跟性一樣，只有跟對的人在對的時間做，才能令我們脫胎換骨。

其實，反饋並不是我們的強項，不論是提出反饋或收到反饋，都讓我們覺得無福消受。大多數人從小就活在爸媽過度讚美的保護傘下，因為專家告訴他們：要鼓勵孩子！多多讚美他們！只講孩子的長處、千萬別提孩子不擅長的地方，讓他們充滿信心與自尊心。萬不得已必須提出具有批評性的真實反饋時，至少要搭配三件正面的評價，才不會讓那反饋聽起來刺耳不中聽。各位是不是覺得這些話聽起來很耳熟？想必大家都聽過這些蠢話吧？不好意思，我就聽過，而且還曾信以為真、奉為座右銘呢。

我們不喜歡反饋還有另外一個原因——反饋會揭穿我們的真面目。誠如我在第二章所述，反饋猶如一扇大門，能直接通往你的弱點，然而並不是每個人都想踏上這趟旅程。其實，我們大多數人終其一生都在構築一段說明自己是何方神聖的敘述——我是個擁有雄心壯志的人／我是個和善的人／我是個勇敢的人，而且我們會不斷找尋能夠佐證這些敘述的標示與信號。如果你打算餘生都不跟人往來，以免有人對你的敘述提出質疑，那你不聽取別人的反饋也沒差。但如果你想要出人頭地，那你就必須學會如何接受反饋。二〇一〇年，有家知名的披薩公司，竟讓全球各地的食客吃到超級難吃的披薩，它的餅皮口感像硬紙板、蕃茄醬味道太酸、起司咬起來簡直像是塑膠，究竟是哪家披薩店做出這麼奇怪的東西？答案是達美樂。

二〇一〇年三月，四十七歲的派屈克．杜爾（Patrick Doyle）成為達美樂的執行長。他跟我們大多數人一樣，對於小時候吃披薩的快樂回憶一直念念不忘。他還清楚記得披薩送到家時的那股興奮之情，當盒蓋一打開，濃濃的起司香氣便撲鼻而來，好吃的披薩餅皮上塗著真正的蕃茄醬。但是，等他接掌這家公司時，達美樂披薩已經不像記憶中那麼美味了，甚至糟到在所有品牌的口味評比中敬陪末座。公司的營業額不斷下滑，還拖累股價跌至史上新低。

問題究竟出在哪裡？過去幾年，他們一直把營運主力放在外送這一塊（披薩外送服務是由達美樂在一九六〇年代率先推出），卻忽略了披薩業的真正重心：味道。他們就這麼一路混到了二〇〇八年，達美樂已經沒有粉絲了，公司高層不得不回歸基本面，並認真檢討這一路走來他們究竟幹了什麼好事。

這回他們不再閉門造車，他們明白光是召集高階主管關在會議室裡開會，是無法解決問題的。他們若想獲得最有用的建議，應該去請教那些能夠提供最中肯反饋的人──向其他披薩店訂披薩的客人。

他們走遍全美國各地，找到數十位已經變心的前粉絲，然後請他們齊聚一堂試吃披薩，並且全程錄下他們的反應。結果，他們提出的反饋直白到讓人崩潰，有位試吃者指出：「這個披薩的味道很糟，完全不會令人回味。」另外一位試吃者則表示：「餅皮咬起來像塑膠。」試吃的結果堪稱是「負評如潮」。

這些負評聽起來雖然很刺耳，但至少讓新的團隊弄清楚，自家的披薩究竟有多難吃：「口感像塑膠」、「像硬紙板」、「品質很糟」，消費者已經給足了答案，所以他們立即著手研究全新的配方。

截至目前為止，杜爾團隊的做法並無獨到之處，企業向「焦點團體」取經的做法比比皆是（基本上就是找來一群互不相識的陌生人，把他們聚在一個房間內，對你家的產品說三道四、指指點點）。達美樂唯一不同之處，在於他們把這些試吃者提出的反饋，當成行銷廣告的重點，並在全美國的電視頻道上，不斷播放消費者嫌棄達美樂披薩的畫面。（達美樂把這個宣傳活動定調為「披薩變身記」〔The Pizza Turnaround〕，這支廣告短片目前仍可在YouTube上找到。）而且為了要展現他們對顧客意見的重視，他們特地帶了全新配方的披薩，到那位罵最兇的顧客家中請對方試吃，然後也是全程錄影，再放進他們的廣告中。

這其實是招險棋，但因為達美樂不光是嘴巴說說，而是真的把顧客的意見「聽進去了」，所以他們相信結果會是正面的。而事情也確如他們所料，那些曾經痛斥達美樂「完蛋了」、說他們的披薩嚐起來像「塑膠」的客人，現在紛紛改變態度，在鏡頭前大讚達美樂的披薩好吃到爆。

達美樂的改革行動在三個月內立即見效，披薩的買氣迅速回溫、股價也同步上揚；在廣告推出後的第一季，達美樂的單店平均營業額更一舉打破業界的最高記錄。

達美樂的東山再起，如今被譽為史上最成功的翻轉。是僥倖嗎？還是因為他們勇敢進入負評如潮的不適圈？要找出真正的原因，我們必須請教一位以「逼人面對反饋」為業的人物。

坦然接受反饋，能讓你持續進步

美國知名的組織心理學家塔莎．歐里希（Tasha Eurich）堪稱是反饋專家，她總能在聆聽愁眉不展的執行長們訴說各種困境後，從容不迫地告訴對方他們哪裡做錯了。

但這並非是她的人氣居高不下的主因，畢竟不是人人都聽得進逆耳的忠言，何況是那些握有企業生殺大權的老闆；若他們有錯要改，那當初怎麼可能當上執行長？

對於這樣的質疑塔莎早就習以為常。她從心理學家的角度為企業把脈已經十多年了，平日的工作就是飛往世界各地，為那些從不聽取別人反饋的企業大老闆們「開示解惑」。執行長若是剛愎自用，那麼受害的將不僅是他們個人，還包括他們領導的企業及在其中工作的員工。

塔莎表示：「我們大多數人把它當成藉口，只是嘴巴上說要尋求反饋，實際上並沒有行動；他們認為既然沒人抱怨，那就代表自己沒做錯事。像我就曾遇過一名五十多歲的客戶，是典型的慣老闆，當我提出我的看法時，他的反應居然是『過去二、三十年來我都是這麼做的，如果我做錯了，怎麼可能沒人告訴我。』」

答案很簡單——要進入「反饋不適圈」是個困難的挑戰。塔莎指出：「我們不尋求反饋跟不願提出反饋，兩者的原因是一樣的，這其實是人類經年累月演化而來的結果。回溯到人類靠打獵採集維生的遠古年代，如果某人慘遭其他人趕出團體，就絕對活不成。因此，人類才會演化出這些社會脈動，我們不想知道大夥其實並不喜歡我們，別人也不想因為多嘴而把事情鬧大，所以大家都會假裝沒這回事，久而久之便養成我們不尋求反饋的習慣。但反饋其實是能夠幫助我們變得更成功的利器。」

我舉個反饋能讓人獲益匪淺的實例。就以網球選手來說吧，最知名的幾位選手都相當資深，堪稱網球之神的瑞士網球選手費德勒（Roger Federer）一九八一年出生，是球場上年紀最大的男選手。（他在二〇一七年勇奪溫布頓大賽冠軍時，創下了最年長的紀錄。）再看看職業網壇其他幾位高手：安迪．莫瑞（一九八七年生）、奧地利好手于爾根．梅爾策（Jurgen Melzer，一九八一年生）、美國網球天后姐妹檔小威廉斯（Serena Williams，一九八一年生）與大威廉斯（Venus Williams，一九八〇年生）等人也都有些年紀了。但三十年前可不是這樣，進入球壇十年以上的網球選手就會被視為「老將」，有些甚至被人酸說「過氣」。前述這幾位成績傲人的大滿貫賽選手全都「一把年紀」，這是巧合嗎？還是別有內情？

答案就是反饋。以上我提到的這幾位網球高手，都是在一流教練的指導下讓排名節節上升。這意味著他們之所以能夠比別人技高一籌，並且叱吒球場更久，要歸功於教練持續提出反饋。事實上，網球界引進菁英教練的做法，說不定就是這幾位選手表現勝過前輩的原因之一（而且運動壽命更長、獲得獎盃更多）。其實，這幾位選手的才華未必高過前輩，但因為他們一再被迫進入聽取反饋的不適圈，才能獲得球技更加精進的豐碩成果。

想贏？聽教練的話就對了

現今，我們對於這樣的畫面已經習以為常——選手在賽後立刻被一群教練簇擁，並在他們的耳邊竊竊私語，不過，從前可不是這樣的。

把時間倒回到一九七〇年代，當時的溫布頓大賽，往往是由球技較佳且花最多練習的那位選手勝出。當時的情況就是這麼簡單，比賽的過程比現在短，運動傷害相當常見，所以球員的運動生涯通常在二十七歲就結束了。但是，到了一九八〇年代初期，網球界開始出現一些變化——有教練登場了，其中有些人並非退休的網球選手，而是教網球多年的老師。許多年紀較長的選手，例如：美國的吉米．康諾斯（Jimmy Connors）、捷克的瑪提娜．娜拉提諾娃（Martina Navratilova）及美國的約翰．麥肯諾（John McEnroe），都開始聘請教練指導，結果他們的球技大幅進步，發球更快更準、反手拍更強勁，就連耐力也比以前好。

現今，世界最頂尖的網球選手（他們的職業生涯不僅比前輩長得多，而且體力和耐力也大幅超越前輩），又比前輩更上一層樓，他們雇用的是「超級教練」。這些人多半是曾經拿過冠軍的網球選手，退休後轉任教練一職，所以他們不僅熟知各種打球技巧，更是心理素質極高的大師。安迪．莫瑞就是在雇用美籍捷克裔的資深選手伊凡．藍道（Ivan Lendl，曾贏得溫布頓大賽冠軍）當教練後，才贏得溫網冠軍並榮登世界第一的寶座。已退役的瑞典網壇傳奇史蒂芬．艾伯格（Stefan Edberg）則幫助費德勒在兩年內拿下十一座冠軍盃，至於屢奪世界第一的喬科維奇（Novak Djokovic），也是在與貝克（Boris Becker，在十七歲成為史上最年輕的溫布頓大賽選手）合作的三年內，勇奪六座大滿貫獎盃。

一個人當真能夠對另外一人的表現、產生這麼大的影響嗎？答案看起來似乎是肯定的。對於網球選手來說，有了教練不斷在身邊提出各種鉅細靡遺的反饋，從如何握拍、到截擊球該如何呼吸和思考，自然能讓選手的表現突飛猛進。

教練這一行儼然成了時下最熱門的生意，從職涯教練、運動教練，乃至於教你減肥的教練、教你如何培養信心的教練……各種類型的教練應運而生。正是因為人們發現教練的反饋還真管用，所以才願意砸大錢雇用他們。許多人就因為教練提供的反饋，而讓自己的表現獲得大幅成長（個人教練的分內工作除了鼓勵學員，還包括持續提出反饋）。

像我有個朋友就是在獲得職涯教練的指導之後，整個人改頭換面。從各方面來看，我這位朋友都是個優秀的領導人才，唯一的缺點就是喜怒全寫在臉上，要是有人把她惹毛了，她絕對會當場翻臉，沒想到現在卻變得跟達賴喇嘛一樣冷靜。她雇用那位教練還不到半年，就升上了要職。

等等，我聽到各位的心聲了：我哪有錢請得起教練？我哪有時間跟教練學習？除非官拜執行長，否則花錢請教練未免太奢侈了吧？更何況，世上絕大多數人都過著入不敷出的苦日子，哪還有閒錢請教練？

所以我要告訴各位一個好消息，其實，我們大多數人身邊都有個教練，此人擁有一雙火眼金睛，能夠看穿我們的一舉一動。此人不但會提供你需要的反饋，而且完全免費，最棒的是，請對方當你的教練，能夠促進你們之間的友誼。那你要如何找到這位仙人呢？其實，他們說不定已經來到你身旁了。

善意的批評，是成功的必備要素

全球各地的頂尖運動選手在二〇一二年的里約奧運會上幾乎全員到齊。過去一年來，他們都在一位專屬教練的指導下，日以繼夜地賣力練習。教練與他們時刻相伴，認真觀察與分析選手的技巧和表現，所以每位選手都是有備而來。

儘管大家都接受了相同的訓練，然而在數星期的競技之後，結果總是幾家歡樂幾家愁，有些人無功而返，一些人則是拿到獎牌可以凱旋榮歸。當然，有些競賽的確是由技高一籌者贏得勝利，他們也許是天生的才華更高或比賽經驗更豐富，這樣輸的人也比較能心服口服。但是，難免會出現明明技巧、才華和訓練都一模一樣，結果卻是你贏我輸，就會令輸的人不服氣。

這個現象也引起了科學家的好奇，位於英國威爾斯的班格（Bangor）大學的研究人員想要查明，明明經驗、才華與基本功都一模一樣，為什麼某一組運動高手贏得獎牌，但另一組人馬卻只能飲恨而歸？換言之，造就「超級運動員」的真正原因是什麼？答案竟然跟教練的風格息息相關。

所有受訪的運動員皆表示，他們從教練那兒獲得足夠的技術支援，但得獎的超級運動員則指出，他們從教練那兒獲得很大的情感支援。換言之，教練就像是他們的「代理父母」，不但會鼓勵與激勵他們，還會提供重要的反饋。

塔莎．歐里希就曾指出，你的確可以從任何人那裡獲得反饋，但是，從「善意批評者」那兒獲得的反饋是最棒的：「當我們請別人提出反饋時，結果通常不會像我們預想的那麼糟；如果我們是以正確的方式，請對的人給我們一些反饋，對方通常不會把我們批評的一文不值。」

在她的大作《深度洞察力》一書中，歐里希研究了數十位傑出領導者，發現他們果然都會尋求別人的反饋，但她最好奇的是他們討教的對象。

「我在研究這些卓越人士時，最想知道他們會向哪些人尋求反饋，結果與我的預期大相逕庭。他們求教的對象並不多，僅限於那些真正關心你的人，畢竟並不是所有的反饋都是想要幫你。」

各位要提防那些別有居心的同事，他們有可能會提出一些「幫倒忙」的反饋，還要避開那些根本和你不熟的人。（要是你曾經遇過不熟的朋友或親戚，突然覺得他們應該好心給你一些意見，教你如何應付你的同事，但他們明明對於你的工作狀況一無所悉，卻還熱心提出反饋，你就明白我在說什麼。）

歐里希指出，**你若想要獲得客觀公正的反饋，必須找對人。此人要最關心你的權益（我指的不是你媽喔），而且剛柔並濟，既不會曲意逢迎也不會意氣用事，這樣的人才可能提出中肯的反饋，他們就是我所謂的「愛心教練」**。

在我的工作團隊裡就有一位這樣的人，她跟我在同一個辦公室上班，所以她很清楚我那一行的所有事務，不過，我們倆並非天天在一起工作。我視她為朋友，但算不上是閨密，我認為她是個直言不諱的人，公司裡甚至有人形容她講話「很毒但很實在」。我從之前的幾次經驗發現，她給我的反饋都是為了我好，而非對我有所圖謀；所以每當她坐下來、表示有話要對我說時，我都會趕緊準備一杯茶、帶上我的記事本準備洗耳恭聽。

誠如歐里希所言：「善意批評者是最棒的，當他們對你提出反饋時，你一定要好好省察。至於其他人的反饋，你可以請教善意批評者，確認那些意見是否中肯。」

如何找到你的愛心教練？

希望現在各位已經明白反饋的重要。那下一步該怎麼做呢？當然是趕緊找到能夠給你良心建議的愛心教練囉。

首要原則：不管你的姐妹、母親、伴侶多聰明，他們都不適合擔任你的愛心教練，因為他們通常會跟你站在同一陣線，很難提供客觀公正的反饋。（還有一個更簡單的檢驗方法：要是某人看過你的裸體或你蹲馬桶的樣子，那此人也不適合擔任你的愛心教練。）相反的，與你認識多年的朋友或同事，會是不錯的人選，因為稱職的愛心教練必須知道你在工作上或是私底下的真實面貌，這樣他們才能提出務實的反饋。比方說，要是建議一位個性內向的人，務必要在社交場合勇敢說出自己的心聲，這樣的意見就有點不切實際。

至於你想進一步了解的人，也可納入考量，因為指點調教會讓你們的關係變得非常親密（喂，別想歪了），像一位你已認識多年的朋友或同事，就會是很好的人選。歐里希有位名叫麥克的老友，就是她很重視的善意批評者。麥克不僅關心她，更重要的是，不怕得罪她。她說：「有回，他對我坦言：『我喜歡妳本人，但我討厭妳在網路上的分身。』感謝他的善意提醒，我才發現我幹麼把工作上的成就全寫在個人的臉書頁面上？好棒的意見！」

如果你想提升工作表現，那麼同事會是適當的人選，但要切記，別選你的直屬部下。我認為那會模糊了你們之間的上下界線，畢竟要管理一個幾天前才目睹你因為領導不力而落淚的人真的不容易。這其實是常識，請恕我多嘴。還有，不要找曾經跟你共事過的人，因為人在換了工作之後，為了順應新的環境與職責，行為也會改變。就以我們這一行來說吧，雖然總編輯與專題總監（features director）這兩個職位之間頗多相似之處，但我相信兩者的工作要求與壓力點還是一樣的。

我的建議是，找跟你不同部門的同事比較好，因為這位愛心教練對於你的工作狀況，會有適度的理解。我還要再次強調，絕對不能找曾經看過你裸體的人。

忍過良藥的苦，忠言是成長最好的養分

其實，沒有人想要對別人提出反饋，因為做這種事既吃力又不討好。即便是你一

向非常喜歡的人對你提出批評指教，那感覺都很像是提油救火，但你仍必須虛心受教。我之所以會提及此事，是因為當你定期向愛心教練討教時，開頭的那幾次，你一定會很想找個機會推掉，因為我就曾經對我的教練做過這種事。這其實是人之常情，人腦天生不想面對批評，尤其是剛開始的時候。

我建議，你們一開始就約定一個時間，譬如每隔幾個星期見個面、聊三十分鐘。聽取反饋的「治療時間」不一定要很長，甚至一段時間之後，時間若能縮短會更好。但前提是，你要能夠聽得進別人的逆耳忠言，否則就別浪費彼此的時間。虛心受教的關鍵在於，你要記住不適是短暫的，多半只有愛心教練指出你缺點的開頭幾秒，等你發現對方並非無的放矢，你反倒會覺得感恩。一陣子之後，你就會習慣於接納愛心教練給你的反饋。

還有一點要記住，你並非下半輩子都要仰賴愛心教練的反饋才能過活，唯有在遇到重大的難關、需要愛心教練持續指點時，再頻繁討教即可。等你度過重大難關之後，大多數的愛心教練仍會繼續待在你的人生中不離不棄。日後當你需要他們指點時，即可再向他們討教，同時也希望你有機會回報他們。

下一個問題：反饋療程要在什麼地方進行。這點就由你們自行決定，總之不要在太過正式的地點。在一個夠輕鬆的環境中，較有利於聽取他們的建言。我覺得公共場所其實也不錯，因為那會逼得你認真傾聽，而且，若你覺得對方的批評指教太過辛辣，實在聽不下去，也可立刻走人，或是更糟的，跟對方爭辯。歐里希則是建議你們可以一起共進一頓「真心話晚餐」，基本上是低調的一餐，讓你能夠輕鬆消化對方的建言。

我個人通常會挑一間燈光美、氣氛佳的小咖啡館共進早餐，而且那裡的咖啡要夠濃，好讓我能在精神飽滿的狀態下，聆聽對方的指正。我相信各位應該也是如此，必須在心理狀態夠堅強的時候，才有可能接受別人的反饋。（你真想在上完一整天班、被老闆嗆了好幾回之後，再來聽反饋？還是不要吧。）

具體指明你想要的反饋

具體指明

假設你問：「能不能請你對我的領導風格提出一些反饋？」那你恐怕會得到籠統或是含混不清的答案，所以，請先想清楚一個具體的要求，例如：「我覺得我在提出批評的時候，好像有點太過嚴厲了，你覺得呢？」這樣問，愛心教練才知道你想要解決的核心議題是什麼。（你甚至可以在你們見面的前幾天，先把你想要討論的事情告知你的愛心教練，這樣他們才有充裕的時間做準備。）

言簡意賅

一般人對於壞消息的忍受度是有限的，所以你別要求愛心教練一口氣把你做不好的地方全數列出，這樣你會搞得自己很沮喪，他們則會覺得自己太狠心，結果你們從此以後再也不連絡了。所以，一次請他們舉出三個例子（正面與負面）就夠了，這樣的數量對你們雙方都是恰到好處。你可以請教他們，如何在職場上提出批評，或是如何對一群人講話。重點就是，每次的「療程」目標切忌好大喜功而應務實。

堅強面對

你們的會面是為了傾聽愛心教練的看法，而不是去替你自己辯解。所以，當他們提出反饋時，你要面帶微笑認真傾聽、並且頻頻點頭稱是，表示你很重視他們的看法。你不要為他們說的實話感到難過，其實他們也不好受，但為了你好，他們覺得還是要坦白以告。要是你讓他們覺得說這些話彼此都很痛苦，那以後他們就不會再提出反饋了。不過，一旦你們雙方有了默契，日後的「檢討大會」就會順利得多，相信我。

照單全收

把愛心教練說的事情，用錄音筆或任何工具一字不漏地記錄下來，會是個好主意。各位或許覺得這麼做很奇怪，但是，因為手寫記錄有可能漏掉一些細節，如果是錄下來的話，之後你可以反覆倒帶重聽，這樣就不怕會有遺漏了。

記得致謝

不管對方說的事情令你多不爽，都一定要表達謝意，因為他們說這些事情的時候也是很為難的。當你處理完所有事情後，最好是在隔天，不妨送對方一束花及一張謝卡表示謝意，因為虛心受教就是你能給他們的最大回報。

第7章

讓你撞牆的限制，是催生創意的功臣

一般人都認為，有沒有創意是在娘胎裡就決定了。像我姐，從小就是家裡最有創意的才女，輕輕鬆鬆就能寫出充滿想像力的動人故事。反觀我呢，不但慢工，而且還未必出得了細活，所以我被歸類為所謂的「分析型」人才。而我也一直以為，自己比較適合當個律師或會計師，至於創意掛帥的新聞工作，我可是連想都不敢想，要等到好多年之後，它才出現在我的職涯選項裡。

誰會想到我現在居然成為一個跨國時尚雜誌的總編輯。幹這一行需要用到的點子數量龐大，我每天的工作，就是不斷動腦想出前所未聞的原創新概念（至少我們一直努力要做到！）從理論上而言，我是個創意工作者，但若以傳統標準來看，我是不夠格的，因為我的點子並非信手捻來，更沒辦法隨口就提出高度概念性的想法。（氣人的是，我姐到現在隨時都能想出七個絕妙的新點子。）

硬要說的話，我其實是有創意的，只不過我取得創意的入口跟別人不一樣。但它跟許多人創造出最佳原創作品的入口是一樣的，行進的路線當然也跟世上最知名的創意家們提出其最佳概念的路徑一樣。那扇門，就是通往我們的不適圈的大門。當壓力愈來愈大、重重限制令我們覺得施展不開時，我們不得不絞盡腦汁尋找靈感。俄國作曲家史特拉汶斯基（Igor Stravinsky）曾說過：「一個人受到的限制愈多，他就愈能釋放自我。」這個道理適用於每個人，從電影導演到偉大的藝術家，乃至於音樂家皆是如此，雜誌編輯當然也不例外。

想當初，我靠著兩名助手的幫忙，運用少得可憐的資源創辦了《女性健康》雜誌，那段過程真的不是普通辛苦。打從我第一天走進那間小辦公室，我的任務就是：在八個星期內打造出一本全新的雜誌，而且全部的人手，就是我們這三個沒什麼經驗的菜鳥。在時間、金錢及人手都受限的情況下，我們只能盡情發揮創意了。

有件事我永遠都忘不了，某次我們需要一張圖片來搭配一則討論胸部健康的文章，這類主題的圖片通常都要價不菲，我們當然是負擔不起，那該怎麼辦呢？我們只好請工讀生充當模特兒，從上方空拍她的膝蓋、下面則露出肉色包鞋的鞋面，麻煩各位大大發揮創意、盡情想像那是什麼樣的畫面。然後我們把那圖片放大、放大再放大，還把它做成跨頁，最後它看起來就是一對以假亂真的巨乳。這種做法雖然有夠亂來，卻也妙趣橫生，因此成了我們的作業標竿，往後我們就是用這種克難但創意十足的方式，製作出我們需要的任何視覺圖像。

不適其實會逼出你的創意，當所有事情都順心如意時，你往往會瞻前顧後、不斷權衡計算各種機會，反倒快要搞死自己。因為那麼多的選擇，會令人眼花撩亂，不知該如何取捨，到頭來多半選擇了最傳統的那個選項。傳統向來比較安全、不會出錯，也讓人安心，但**恪守傳統鮮少能引出真正的創意，那是因為真正的創意需要原創性，而原創性通常來自一個不舒適的地方**。

加拿大裔的美籍建築師法蘭克・蓋瑞（Frank Gehry），被視為全球最有創意的建築師之一，他的作品類型相當多元，從位於西班牙畢爾包的古根漢美術館，到巴黎的迪士尼村，乃至於臉書的西園區（West Campus），每件作品都極具代表性。他被視為世上最有創意的先驅，作品充滿奇幻異想、不落俗套，往往成為吸引觀光客朝聖的熱門打卡景點。但這些設計並非從天而降，他曾經說過一句名言：「我經手過的最困難建案，是業主完全放手、讓我自由發揮的那個案子。」

他表示：「那件案子讓我傷透腦筋，我必須經常照鏡子並且自問：『我是誰？我為什麼會當建築師？建築師是做什麼的？』其實，有問題要解決還比較容易做事，因為那些限制會促使我們採取行動。」

就拿位於美國洛杉磯市中心的迪士尼音樂廳來說吧，這座位於南方大道上的建築物，由一片片宛如口香糖包裝紙的金屬薄片，以巧妙的曲線搭建出一座造型獨特的音樂殿堂。這棟建築物不但獲得許多獎項，而且啟發了往後全球各地數十棟建築物，甚至包括他自己蓋的古根漢美術館。但這座建築物其實是突破了諸多限制，才得以建造完成。

迪士尼音樂廳在興建之初，就面臨經費不夠充裕的挑戰。雖然華特．迪士尼的遺孀莉蓮．迪士尼出資五千萬美元（約新台幣一五億元），但光是地下停車場就已耗資一億一千萬美元（約新台幣三百一十億元）。蓋瑞必須重新檢討原本的設計，放棄他原先打算使用的石製外牆，改成現在的銀色拋光不鏽鋼板。

建案的另一個重大挑戰是音響效果，這畢竟是一座音樂廳，蓋瑞聽取眾多音樂家的意見，運用在當時極具革命性的設計與工法，利用層層環繞包覆的方式，提供最佳的音響效果。最後一個需要解決的問題是——洛杉磯市的網狀系統。蓋瑞通常是用兒童的積木來做設計，但是遇到洛杉磯市中心那個區塊的網狀系統，蓋瑞的積木就派不上用場了。由於他不可能改變既有的網狀系統，所以只能從限制中找到出路，以各種形狀、曲線和角度，建構出一座猶如花朵般的音樂殿堂。蓋瑞最有名的建築物，全都是絞盡腦汁突破諸多限制而產生的，迪士尼音樂廳也是如此。我大膽地猜測，要不是有那麼多的限制，恐怕最後的樣貌不會像目前的成品這麼美妙。

我相信各位也曾因為太多的自由而被嚇到不知如何是好。我的團隊就曾多次遇到這種情況，當我們請撰稿人自由發揮時，就會看到他們愁眉苦臉好幾天，但若是給他們一個限制很多的故事大綱，他們反倒很快就能振筆疾書。大多數事物也是如此，我們常會因為選擇太多而覺得不堪負荷——也就是被不適嚇癱了。雖然我們老是嚷嚷著要有「創意自由」，認為只有自己完全作主，才可能想出最棒的點子。各位或許聽過某些穿著細條紋西裝的蠢蛋大聲疾呼：「要天馬行空地思考！勇敢作夢！不要被設限！跳脫框架思考！」然而限制住我們的，往往是過多的自由。

我年輕的時候，做事拖拉，從來不肯把該做的功課早早做好，總是要拖到最後一天，才整晚開夜車趕工交差了事。其實，我一點都不喜歡這樣做事。但是，說真的，我發現這麼做的成果最棒。我曾經試過好多次，在截稿日之前數週就早早開工，但我發現每次的結果都一樣——作品的水準並沒有比較好。

這問題困擾我好幾年，直到最近我重讀過去寫的那些文章（我把它們全收在閣樓的一只棕色紙箱裡），卻發現那些花了很多時間寫的文章，內容無聊至極，連我自己看了都哈欠連連。但是，那些在截稿日當天一早、拼了老命擠出來的文章，卻有趣多了，不僅格局更開闊，內容更是大膽前衛且耳目一新。

我這才明白，有所限制（交稿時間迫在眉睫）反倒解放了我的思惟。限制造就了三件事：其一，它讓我無暇多想別人會怎麼寫；其二，它讓我寫下更大膽、更放肆的想法（要是我有充裕的時間思考，我一定會擔心這些想法太大膽了，因而極有可能會以『比較安全』的想法取而代之）；其三，它讓我更勇於說出真心話。時間緊迫逼得我必須依直覺行事，坦然說出心中最想要表達的想法。

就如同第五章中討論過的，**聽從你的直覺，對於成功的結果是十分重要的。想來實在諷刺，我們常誤以為是「限制」害得我們無法盡情表現，實際上，它卻是激發出無限創意的最大功臣。**

來看看另外一則實例。美國民權鬥士金恩博士（Martin Luther King, Jr.），曾於一九六三年八月二十八日在「為了工作與自由：向華盛頓進軍」的大遊行會場上，向超過二十五萬名群眾發表家喻戶曉的演說：「我有個夢想」。但很少人知道，「我有個夢想」這五個字，原先根本不在演說當中，美國心理學家亞當．格蘭特（Adam Grant）在著作《離經叛道：不按常理出牌的人如何改變世界》（*The Originals*）一書中指出，金恩博士曾經數度修改這篇演講，直到最後一分鐘才搞定。要是他事先就把講稿寫好，把內容背到滾瓜爛熟，誰知道那天的結果會是如何。極有可能他會按預先寫好的稿子照本宣科念出，幸好他沒那麼做，而是真誠地說出心裡的想法，結果反而更加打動人心。

我們永遠都無法得知，當時，他為什麼沒把這句名言放入他的原稿中，有可能他覺得這句話太過詩意、太戲劇化了。我也有這樣的毛病，當我有充裕的時間，或是可以自由發揮的題材時，我往往會質疑自己。

電影名導史蒂芬．史匹柏（Steven Spielberg）在拍攝他的第二部大片《大白鯊》（*Jaws*）時，也曾遇到重重限制，在拍攝期間，機械做的主角大白鯊故障了，須耗費數星期才能修好。當時，才二十多歲的史匹柏，根本沒有足夠的資金與時間虛耗，所以，他只好發揮創意，他心想：既然鯊魚無法現身，那就用鯊魚造成的損害畫面替代吧，結果這個被限制激發出來的創意，竟打造出影史上最有名的一幕場景——兩名捕鯊人在一座木頭長堤上等待，他們扔出裝在浮筒裡的巨大魚餌引誘鯊魚現身。在捕鯊人等待大白鯊上鉤的時候，史匹柏把鏡頭轉向坐在辦公室裡的男主角布羅迪警長，他正漫不經心地翻閱一本介紹大白鯊的書，那畫面充滿了怪誕與邪惡的氣氛；鏡頭再轉回那兩名捕鯊人，他們發現大白鯊已經吞下誘餌，但是因為浮筒緊繫著木頭長堤，所以整座木頭長堤被大白鯊拖走，其中一名捕鯊人還掉落海中。下個畫面只見木頭快速朝向他移動，並適時響起美國作曲家約翰．威廉斯（John Williams）只用了兩個音符卻震撼力十足的配樂。其中一名捕鯊人大喊：「查理，快逃！」隨著木頭逐漸靠近落水者（暗示大白鯊正逐漸逼近），此時樂聲也跟著加快，畫面與音樂的搭配天衣無縫，令觀眾嚇到魂不附體，那肯定是史上最恐怖的一塊漂浮木了。

史匹柏若非受限於資金，恐怕未必能想出只靠一個浮筒、一塊木頭，以及用大提琴反覆彈奏E–F這兩個音符（Mi和Fa），就成功營造出緊張懸疑的戲劇效果。此舉甚至幫史匹柏建立了他的招牌「懸疑」手法，就算你沒看過《侏儸紀公園》一片，你一定也很熟悉不停抖動的一杯水，再加上低沉的配樂，暗示恐龍即將出現的那份緊張刺激感。

印象派畫家就很懂「限制」的重要性，所以他們限制自己只能用未經修飾的筆觸及鮮豔的色彩作畫，從而創作出許多美不勝收的鉅作。丹麥籍的電影導演拉斯・馮・提爾（Lars von Trier），他發起了「逗馬宣言」（Dogme 95）運動，規定只能用手持式攝影機拍片，且不使用道具、光學濾鏡或特效燈光，總計有十項嚴格限制，令人好奇為何有人願意加入「管這麼寬」的運動。不過，這群人倒真的拍出了近三十年來最創新且廣受好評的幾部電影。（如果你還沒看過《那個晚上》（*Festen*）或《白痴》（*The Idiots*）這兩部片，不妨抽空觀賞。提醒各位先備妥一杯烈酒，否則恐怕無法撐住看完全片。）

科技界也深諳限制能激發創意的道理，例如：美國高級連鎖百貨的龍頭「諾斯特羅姆」（Nordstrom），旗下有個創新實驗室（Nordstrom Innovation Lab），這個小型的科技事業，每個新構想都只有一個星期的落實。想當年，蘋果公司也只花了短短八個月的時間，就把 iPod 從無到有生出來（否則就趕不上年度最大的聖誕節採購檔期）。

但限制真的能讓我們變得更有創意？它真能使我們獲得最大的突破、想出最厲害的點子？有個人的確是在重重限制下，想出了全新的約會方式。

把限制化為優勢

如今，全球每天有兩千四百萬人使用網路交友平台 Tinder，這讓它的創辦人尚恩・瑞德（Sean Rad）成了全球最成功且最有影響力的企業家之一。當年，Tinder 一推出，立即躍升為全球獲利次高的應用程式，僅次於網飛（Netflix）。無數的曠男怨女透過 Tinder 配對成功墜入愛河，它還撮合了無以計數的美滿姻緣，並孕育出好多 Tinder 寶寶。呃，但也有一海票人是用 Tinder 來「約砲」的。不過，Tinder 的成功並非從天上輕鬆掉下來，而是歷經多次的不適考驗。

年紀才三十出頭的尚恩・瑞德，卻有著五十歲男人的冷靜老練，完全跳脫一般人對科技新貴的刻板印象。

很多人都不知道，Tinder 是五個年輕人在二〇一二年的炎熱夏季裡、花了整整二十三天拚命趕工出來的。他們全都是二十多歲的窮小子，卻合開了一家公司，每天待在一個密不通風的房間裡，日以繼夜地揮汗工作。辦公室裡只有幾張沙發與一張咖啡桌，他們擁有的經驗和人脈都不多，時間也不充裕。

他們正在研發的這個應用程式，每天都要進行數十種變更；往往剛修好某個錯誤，隨即又出現另外一個錯誤；好不容易從某個死胡同脫身，接著卻又闖入另一個死胡同。他們有各種反饋需要處理，有的來自數據，也有來自快速激增的使用者，還有彼此提出的反饋。一晚只睡三小時是他們的生活常態，因為每天都有一大堆事情要忙；有時是伺服器當了，有時是出現更棒、更厲害的點子，還有其他人七嘴八舌提出的建議。他們宛如被森林大火困住，那個不適圈非常巨大，逼得他們必須用未曾想過的方式去思考與做事。

由於沒錢做任何行銷計畫，他們只好屢出奇招，例如：派一群很接地氣的工讀生，在街上談論這個前所未聞的酷炫約會應用程式。偶爾，瑞德會跟這群哥兒們到外頭偷個閒，邊喝啤酒邊腦力激盪，他們還會坐在戶外的用餐區，大聲詢問路過的人：「嗨，你聽過 Tinder 這個新的約會 APP 嗎？」他們從區區數百美元的行銷經費當中，撥出一點錢印製了一千張約手掌大小的貼紙，上面印著該公司的火焰標幟，然後貼遍洛杉磯各地的路燈及垃圾桶。接下來，他們還特地跑到內華達州，在有許多樂壇大咖出場的科切拉音樂暨藝術節會場，把 Tinder 貼紙貼在每間廁所的門及垃圾桶上。沒多久，便出現這個奇怪的新約會 APP 贊助了整個音樂節的傳言。

從那時候起，Tinder 的人氣便扶搖直上，他們在幾星期內就獲得四百名新用戶，二〇一二年底時用戶達到數千人，翌年年底還成了全球三十歲以下使用者人氣最高的交友 APP。

瑞德告訴我：「當我回顧我今日擁有的這一切，我認為好事壞事皆功不可沒，但壞事的功勞說不定更大。Tinder 的發展也是如此，我們之所以能夠想出那些最棒的點子，全是拜我們充分討論並化解彼此的歧見之賜。雖然反饋很可怕，而且讓人無所適從，但如果一個組織不喜歡聽真話、又害怕犯錯，恐怕做不成任何有意義的事。因為犯了錯，你才會獲得別人沒有的資訊。」換言之，讓這個 APP 能夠走紅的最大功臣，就是那些最不適的時刻。

但為什麼令人不適的限制、反倒會引領出最厲害的原創性突破呢？難道是因為人腦在這種狀況下會運作得更有效率？科學研究證實了答案是肯定的。

荷蘭阿姆斯特丹大學的研究人員，最近做了一項極具指標性的研究，想了解「限制」會如何影響人腦的認知。他們對學生做了多項試驗，主要是讓他們邊聽一連串的單字與數字，同時進行極具挑戰性的「異位構詞遊戲」（anagram）。研究結果相當令人驚艷。

首先，研究發現限制擴大了學生的「知覺範疇」（perceptual scope），這讓學生能以更宏觀的格局來評估情勢。

其次，當學生遇到挑戰時，他們的「概念範疇」（conceptual scope）同樣也會擴大，概念範疇對於創意思考是不可或缺的，因為它讓你能夠看到更多的想法與可能性，從而避開普通的思考路線。

最後一點，本研究最令人驚訝的一個發現：限制重重的困難案件，反倒會讓我們更專注的投入，從而更有可能堅持做下去。

參與實驗的學生，須完成一個電腦迷宮，其中部分學生會在中途遇到一個阻礙，讓逃脫變得更困難。完成這個挑戰之後，所有學生都須進行一個稱之為「遠距聯想」（remote associates）的測驗，這是一個用來衡量創意能力的標準量尺。在前一個挑戰中曾經遇到阻礙的學生，比起未遇阻礙者，多完成百分之四十的測驗，換言之，遇到限制的不適，竟然提升了他們的創意心態。

所以，下回你再遇到一個需要你發揮創意的專案時，不妨想想你可以導入哪些限制。像是設定緊湊的完工時間、減少工作小組的人數，刪除或大幅減少其中一、兩項資源。比方說，我要求我的團隊打造一本新雜誌，我會故意在中途要求他們只能採用沒有人物的照片。（說來諷刺，這正是當時我們在《女性健康》雜誌的做法，因為好看的人像照太貴了，我們根本負擔不起。）

在專案進行到一半時，才加入某個限制，會逼使我們不再執著於某個點子，並重新構思一個更好的想法。不論你提出什麼樣的限制，重點是你要警告大家，這些限制會令他們覺得很困難，彷彿撞牆了，他們會覺得自己被拖進不適圈裡；但你更要提醒他們及你自己，此時絕不可輕言放棄，而應釋放你的想像力，任令它自由自在地奔馳。

第8章

從失敗中復原，才是真正的成功

一九九六年十二月十六日，我直挺挺地坐在床上，準備拆開一封我期盼多年的信——從牛津大學寄來的信。

我從小就立志長大後要念牛津大學，這全是為了要讓父親以我為榮。家父是第一波來自巴基斯坦的移民，而我是他的第三個孩子——一個生性害羞且學業表現平平的小孩。如果各位也跟我一樣出身自亞洲家庭，就會明白亞洲文化有多重視孩子的學業表現。我們有個流傳已久的笑話：遠房親戚未必叫得出你的名字，但肯定知道你在班上排第幾名，還有中等教育普通證書*你考了幾科。爸媽為了在親友面前臉上有光，免不了會對孩子的成績大大吹噓一番。

所以我想，要討老爸歡心的唯一方法，就是成為一名優等生，若是能擠進牛津，那就算得上是光宗耀祖了。我從十三歲起就發奮念書，成績也開始有了起色，從B進步到A^-到全A；最後，我的GCSE大考科目全都拿到了最高等級，我的人生道路已定，牛津已近在眼前。

某個寒冷的秋天早晨，我前往牛津校園，準備接受入學面試。我還記得抵達宏偉壯觀的伍斯特學院時，我的心臟跳得像蜂鳥的雙翼般急促；就連在寬敞且氣氛莊嚴的學生食堂裡吃晚餐，我的心情都無法放鬆。面試官由幾位老先生組成，他們的表情十分威嚴，令人望而生畏，問題更是教人難以招架。我還記得面試結束後搭火車回家的情景，我一派輕鬆地對我媽說，接下來就只是等待入學通知了。那幾位教授提出的問題極具挑戰性，幸好簡單的問題我全答得漂亮，困難的問題我也都機智巧妙地迴避了。我認為我的表現不俗，甚至可說是完美無瑕，接下來就等著收到好消息吧。

但是，那天早上我打開信封看到的，卻不是我預期的答案——我可是整整苦讀了五年！我還沒念完整封信，眼淚就已奪眶而出，我被拒絕了，一切都完了。當時是一大早，外頭天都還沒亮，我不讓我媽把窗簾拉開，就這樣一直躺在床上。我用被單罩住全身，在裡頭躲了好幾小時。之後，我們沒再多聊這件事，因為不管爸媽如何安慰我，都減輕不了我的傷痛，雖然我爸說：「反正還有別間大學、別的機會……」但是，對我而言，那件事無疑是宣告了：我是個失敗者。

遭遇這番重挫後，我變得自暴自棄，不但開始出去玩樂，還跟年紀比我大的男生約會，把過去幾年來的苦讀全部拋到腦後。所以，當 A-level **放榜日來臨時，我並沒

* GCSE 為國際認可的學歷證明。在英國的英格蘭、威爾斯及北愛爾蘭等地區，從中學二年級開始，學生可選修多種 GCSE 的課程。

**進入英國的大學或同級學院前最基礎的入學需求。只要讀完 A-Level 課程並通過考試，取得中等教育普通證書，即可申請所有的大學。

有獲得預期的成績；我繼續出去鬼混、買醉，並決定只要哪家大學肯收我，我就去念那一家。我花了好多年的時間，才慢慢撫平那次失敗的傷痛。

來自牛津大學那封寫著：「我們很遺憾通知妳……」的拒絕信，狠狠地改變了我的人生路線，當時，我以為它會把我帶往最糟糕的境地。但是，當我在二十年後回顧此事，我才領悟到，儘管那天我被迫面對痛苦至極的失敗，它那其實是決定我人生的關鍵時刻之一。

我們從小就相信失敗是最棒的，前提是當它發生在別人身上時。不論是在考場、職場、校園，大家對失敗的態度都是「零容忍」。這種根深柢固的懼敗心態，令很多人產生所謂的「失敗焦慮」，不敢嘗試任何新奇或太有挑戰性的事物，以免失敗了丟人現眼。但這會引發更大的問題，**不想面對失敗的不適，會害我們錯失讓人生進步的重要契機。畢竟，要是連跌個跤都怕成這樣，怎可能有勇氣縱身躍向成功呢。**

現在，情勢已經開始改變，像美國的史丹佛、哈佛及普林斯頓這些名校，都開始留意那些零失敗的優等生，例如：一直擔任足球隊長的學生、一人可以辯贏整個團隊的雄辯家，以及利用空閒時間練琴就通過鋼琴第五級檢定的人；他們的人生就是依照傳統的成功量尺不斷更上一層樓。但問題來了，這批菁英子弟遇到一點小挫折，例如：

足球隊長沒能進入校隊，或是人生沒能按照他們想要的路線前進……往往會搞到信心潰散。輔導老師們發現，這些菁英分子遇到日常生活中的磨難，不但會感到憂鬱和焦慮，甚至會在輔導過程中痛哭流涕。這群很會考試的人中龍鳳，遇到人生中的小小阻礙卻束手無策。

因此，史丹佛大學推出「復原力計畫」，邀請該校的傑出校友現身說法，分享他們一路走來遇到的艱難考驗，曾擔任該校新生暨大學部諮商中心主任的茱莉．李斯卡．海姆斯（Julie Lythcott-Haims）在接受《紐約時報》訪問時指出：「我們想讓學生有能力面對挫折。」其他學校也很快跟進，哈佛大學推出一整套稱之為「成功與失敗」的新計畫，讓學生從各個層面學習成功、失敗與復原力。普林斯頓大學則推出了「觀點計畫」，校方在校園內設置專屬的空間，讓學生可以聚在一起討論他們覺得很難處理的事情，校方鼓勵學生透過各種有創意的表達方式，把他們的失敗故事分享出來。美國麻塞諸塞州的史密斯女子學院，則是開設「從失敗中復原」課程，選修的學生會在第一天收到一張證書，上頭寫著：「茲授權你在以下各種情況：戀愛、一夜情、友誼、簡訊、考試、課外活動，或是其他與本學院有關的任何選擇：出糗、失敗或搞砸，仍是一個有價值與讚到不行的人。」

企業界也在改變中，像過去只雇用史丹佛最優秀學生的谷歌，現在也願意廣納其他學校的人才。美國四大會計師事務所之一的德勤（Deloitte Touche Tohmatsu），之前也只雇用從未嚐過失敗滋味的MBA應屆畢業生，現在則鎖定三十歲以上，且就業歷史有些「波折」的人。曾在該公司擔任聘雇經理的吉姆．渥爾（Jim Wall）表示：「我們需要有實務經驗的人，但凡在社會上走跳的人，誰不曾失敗過？」

《柯夢波丹》雜誌也不會把完美的履歷作為用人與否的條件。雖然過去多年來，我們會要求應徵實習生工作的人，須具備新聞傳播相關系所的文憑，但現在，我們只想找到不怕挑戰的寫作好手。根據我的經驗，你得先嚐過失敗與痛苦掙扎的滋味，才能培養出無所畏懼的勇氣，也才能忍受人生中的諸多磨難。

全球首富貝佐斯（Jeff Bezos）失敗過的次數，多到他自己都記不清了。身為亞馬遜老闆的他，向來不諱言此事，並認為他在亞馬遜擁有的是價值數百億美元的失敗經驗。過去二十年來，他曾推出過數十種不成功的新產品與計畫，其中包括亞馬遜拍賣（亞馬遜版的eBay，拖了兩年之後，他毅然結束這個爛攤子），還有亞馬遜的旅遊網站Destinations，它的壽命更短，才半年就收攤了。還有人記得亞馬遜也曾推出名為Fire Phone的智慧型手機嗎？這些失敗的作品燒掉了亞馬遜數億美元。

我們大多數人遇到失敗後，往往會嚇到不敢再多做嘗試，但貝佐斯不一樣，他樂於獲得更多失敗的經驗。貝佐斯在 Fire Phone 停產之後接受《華盛頓郵報》的專訪時指出：「我們現在正在進行的是規模更大的失敗，Fire Phone 的失敗跟它們比起來，根本是小巫見大巫。」

貝佐斯酷愛失敗，過去二十年來，他每年寫給股東的信，幾乎每篇都提到一些失敗之作。近幾年來，他更變本加厲，特地雇用曾經失敗過的人來擔任高階主管，例如：亞馬遜旗下的生鮮食品事業 Amazon Fresh，便是找來 Webvan（網路雜貨零售商，創業僅三年便破產）的高階主管負責經營；這家食物運送公司，雖然曾在二〇〇一年募得八億美元的資金，最後卻全數敗光。

為什麼一而再、再而三的失敗，居然是成功的配方？難不成貝佐斯其實是失敗大王，但因為久病成良醫，結果終於成功了？或是在他看似瘋狂的表象下，其實有著天才的做法？難道世界首富祕而不宣的成功要訣真的是失敗？

擁抱能讓你成長的失敗

世界首富的眼光當然不同於凡人，能夠獲得貝佐斯青睞的失敗，絕非胡搞瞎搞、偷懶擺爛或欠缺能力造成的失敗，這些都是糟糕的失敗。至於**嘗試嶄新事物而發生的失敗呢？那是成功必經的過程；發生在創新尖端的失敗呢？那是可預期的結果。因為冒了一個別人都不敢冒的大膽風險而產生的失敗呢？應該獲得掌聲鼓勵**。

像貝佐斯這樣的大企業家，早就對失敗習以為常，因為他們不斷挑戰可能性的極限。（在我寫這本書的時候，亞馬遜正在嘗試把商品送進你家裡的運送服務，認為那麼做恐怕行不通的人請舉手。）當你試著踏入別人從未涉足過的地方，你既沒範本可供參考，也找不到前人記載的最佳做法，那意味著你有可能不只失敗一次。貝佐斯曾在某一封致股東信中寫道：「失敗乃是創新的基本要素，我們明白這個道理，並且相信失敗要趁早，這樣我們就能反覆修正、直到做對為止。」

趁早失敗就是一種明智的失敗，這不僅可以縮小失敗的規模，還可較安靜著陸，對你的聲譽和信心，皆不致造成重大打擊。全球許多美容與時尚名牌都深諳這個道理，所以經常推出各種限量版商品，以測試市場的反應，如果反應很好，他們就會正式上市。像美國知名時裝設計師湯姆・福特（Tom Ford）的「Soleil Blanc香水」、英國天然保養沐浴品牌Lush的「小蜜蜂潤膚皂」（Scrubbee Scrub Bomb）及英國彩妝師夏洛特・緹布瑞（Charlotte Tilbury）的彩妝系列「枕邊話」（Pillow Talk），全都是先推出限量版來試水溫。那消費者如果不買單呢？（多芬曾在二〇〇六年推出限量版的「真實美體瓶」（Real Beauty Bottles），雖然瓶身設計標榜看起來像「真的」女性身體，但其實只有七種不同的身形，難道是想讓每個消費者都對自己的身材不滿嗎？）像這樣的失敗，就只能當做是花錢買教訓囉。

快閃也是基於同樣的道理。它的概念很簡單，用小規模的測試及早知道結果。倫敦某些人氣極高的餐廳，透過快閃的方式嘗試各種創新手法，像是目前擁有八家連鎖店、年營業額達一千五百萬英鎊（約新台幣五億七千萬元）的餐廳「MEAT liquor」，創業當初，也只靠一台造價三千英鎊（約新台幣十一萬四千元）的二手貨車、每週末停在倫敦南區做生意，才成就了今天的事業。英國成長最快的披薩連鎖店「Pizza Pilgrims」，被譽為全世界最棒的披薩店，創業時的規模甚至比「MEAT liquor」更小。

「Pizza Pilgrims」是由湯姆與詹姆斯・艾利特（Thom and James Elliot）兩兄弟共同創立的。他們原本在媒體工作，辭職後，用一輛三輪的比亞久摩托車改裝成小貨車，停靠在倫敦的波威克街賣拿坡里披薩。詹姆斯告訴我，創業初期他們犯了一堆錯誤，包括湯姆女友設計的招牌有根擀麵棍（當地人做披薩根本不會用到擀麵棍）；把少得可憐的創業資金，買了一套破爛的冷藏設備（要是某個剛認識、住在蘇活區的傢伙跟你說什麼：『喔，我進了一套超便宜的冷藏設備，要不要來看看？』千萬別上當。）還有，絕對不要採用那種看似非常厲害、但其實暗藏玄機的付款系統，因為它只會「把每個人都搞糊塗」。不過，詹姆斯承認，多虧了這些創業初期犯下的小錯誤，他們後來才得以快速成功。

加拿大的運動服飾品牌「Lululemon」，則是利用現場的零售經驗，做為持續實驗的依據。「Lululemon」的實驗室被稱之為「設計概念店」，顧客在試穿新的限量商品時，可以見到設計師本人並與之互動。如果某件商品在伸展台上大獲好評，這個設計及材質，就可以在主要的商店內出售。如果沒成功，它們就會以限量商品的名義留在顧客的衣櫥裡。換言之，它把失敗變成創新，結果讓所有人都受益。

如何從失敗中學到經驗？

如果你只是在實驗時犯下一堆錯誤，並不保證你一定會成功，除非你當下就勇敢檢視是哪裡出了錯。這意味著你必須踏入不適圈，這樣的失敗才會令你獲益。你知道自己對失敗的反應嗎？請看你是否具有以下特性。

害怕失敗

你是那種不曾經歷失敗的人，因為你從不讓自己處於失敗的境地，由於你一直迴避失敗的不適，所以你的人生一直過得很爽。你刻意抱持非常模糊的人生目標，這樣你就沒有任何的準則來判斷你是否失敗了。但這麼做，你就無法真正進步，而原地踏步本身就是失敗的，因為你白白浪費了每一天。聽起來很複雜嗎？並不會，說穿了，你就是害怕失敗嘛。

不願承認失敗

你不怕犯錯，因為你知道失敗乃是實驗的必然後果，這樣的心態讓你得以安然面對失敗的不適。你有點像是當時在泳池旁躊躇不前的我，既然人都來到池畔了，就表示你已經準備好要下水了，但最後卻因為某些因素而未能享受游泳的樂趣，那其實是個很大的損失。

可見你雖然不怕犯錯，但你很怕在發生錯誤後、立刻找出犯錯原因的那份不適感，也害怕失敗會洩露出你的真本事。所以，你會把錯誤歸咎於照章行事，完全撇清自己有責任，結果就是，你會一再地犯相同的錯誤。

如果你敢找出令你失敗的真正原因，找出問題的核心所在，你或許會發現原因出在你自己能力不足。這樣的事實會令你覺得顏面無光、難以面對，那就是你不願進入的不適圈，卻也是你最需要進入的地方。

勇於失敗

你擁抱失敗，因為你知道要創新就必然會犯錯，而且你明白，未來要減少犯錯次數的唯一方法，就是徹底查明犯錯的原因，而且愈快愈好。這樣你就不會重蹈覆轍（你很少會這樣），除此之外，你還讓自己身邊充斥著一群能夠與你截長補短的人。

你屬於上述哪一種人？還是三種特性都有一點點？不管是哪一種，重點是：失敗其實是有回報的（而且為數還不少），你必須懂得正確的失敗方式，才能讓自己獲益。

成功人士只犯聰明的錯誤

西姆．西特金（Sim Sitkin）是美國杜克大學的管理學教授，畢生研究人們如何在達到職業頂峰時犯下錯誤，他發現，最成功的人士會犯下「聰明的錯誤」。各位或許覺得好奇，這些位高權重的成功人士，為何還需要犯錯呢？西特金研究的對象，是那些在工作上或業務上需要仰賴前所未見的嶄新資訊，或是尖端創新的人，例如：在某個未知的領域開創新事業的人、測試某個新產品的人、想要從某個全新的事業獲得顧客反饋的人。但因為他們沒有範本可以參考，所以只好自行展開調查或是尋找相關經驗，因此他們犯錯的可能性極高。既然無論如何都會出錯，他們要如何確保自己是在最棒的情況下犯錯呢？

對於失敗，要找原因而非凶手

時至今日，人們終於比較願意討論失敗了。矽谷有些公司會舉辦「失敗派對」，以鼓勵員工慶祝他們犯下的最大錯誤。科技界的有識之士，從二〇〇九年開始，每年召開一場為期一天的失敗大會（Failcon），廣邀新創公司的創業者討論他們遭遇的失敗歷程。儘管愈來愈多人討論失敗，以供彼此借鏡，但種種努力，仍無法改變人們由來以久的習性，當遇到災難或麻煩時，一般人的直覺反應仍是：誰是造成失敗的罪魁禍首？

就是這種根深柢固的「怪罪文化」，令大家對失敗避之惟恐不及。我們最重視的，竟然不是檢視整個程序、以找出是在哪個步驟出了錯，而是忙著找出「凶手」或「代罪羔羊」。而我們之所以會這樣，是因為過度簡化問題，忽略了失敗從來不是一個人造成的；更值得注意的重點在於，把錯誤歸咎於某人時，我們就錯失了檢討此事的機會。會造成這種現象的原因有二：其一，請各位回想一下，你曾因某事遭到責怪，應付此事的最佳做法是什麼？以我個人的經驗來說，當我試著解釋事情發生的原因時，往往會招來對方的怒目相向、甚至作勢要打我。別人會認為你想要「合理化」你的行為，殊不知你只是想跟對方說明整件事的來龍去脈（這本是我們該做的事！）但在對方不買帳的情況下，你只好乖乖配合「怪罪文化」，別再試圖解釋了，而是好好道歉，並等著別人說出：「很好，我們就忘了這件事，繼續向前邁進吧。」但這其實是相當要不得的做法。

更糟的是，把失敗歸咎於某人，會令大家養成少做少錯的心態，再也沒人願意冒險犯難，因為害怕萬一沒成功，會成為眾矢之的。這種情況在美國真人實境節目《誰是接班人》中相當明顯，開賽第一週，全隊沒人自願出來當領導人，因為害怕要扛下「任務失敗」的責任。但我無法理解，這個節目明明標榜要找出最棒的接班人，但是那些精明的企業家，卻總是毫不留情地開除最勇於冒險犯難的人。他們可是為了完成任務，不惜冒風險追求成功的人呢，這不就是真正的企業家精神嗎？身為老闆的你，刻意讓別人害怕嘗到失敗的苦果，最終只會令你自己遇到更大的失敗。因為沒有人敢努力向前衝，或是做出重大決定、承擔必要的風險，怎麼可能獲得成功？

究竟該如何讓人們願意接受失敗呢？**你必須開誠布公地討論它，切忌摻雜個人的情緒。討論的目的，是要找出哪件事出錯了，而非揪出是哪個人把事情搞砸的**。像是西方教育的做法，表揚答對問題的學生，答錯的學生則遭到羞辱。日本的做法稍有不同，老師會指明哪些學生解題失敗，並鼓勵班上其他同學幫忙此人找出正確答案。他們必須互相討論、一起解開難題，而非讓那孩子單獨面對失敗。透過這樣的公開討論，就能消除失敗的不適感。

豐田汽車也有類似的機制，該公司有個知名的「豐田生產系統」，受到全世界企業的採用。它的做法非常簡單：當某個員工在生產線上發現一個問題，必須拉「安燈線」（andon cord）示警；如果該問題無法在一分鐘內解決，那麼整條生產線必須停下來（這通常會令公司蒙受重大損失），直到問題被查明與解決為止。豐田公司持續改進細微失誤的做法，確保了該公司的技術不斷精進。

對於那些經過「仔細盤算」卻仍失敗的實驗，我們非但不應再予苛責（未加深思的莽撞作為，自然另當別論），對於及早發現失敗的人，更應給予獎勵才對。

然而我們的文化有種傾向，喜歡把那些揪出錯誤的人貼上「愛找碴」的標籤，甚至責怪他們「不合群」，因為他們害得大家不能「輕鬆過關」。但除非他們做得太過頭，不容許辦公室裡有任何一絲樂觀主義的火苗（世上的確有這種人存在），否則我們應當傾聽他們的意見，並給予適當的獎勵。像有些公司會實施「無責舉報」制度（blameless reporting），讓員工可以用匿名的方式，把他們擔心的事情提報出來。這種做法不只能鼓勵更多人及早發現失敗，而且還會打造優質的辦公室文化，大家不再對失敗大驚小怪。這不失為一種更好的長期解方。

如果你是某大公司的主管或你本身經營一家新創公司，而你想鼓勵部屬公開討論失敗，那你可以每週撥出一個特定時段，請大家踴躍發言。有時候，只要有某個人率先「開砲」，其他人就會跟進、老實說出心裡話。這時，身為主管的你，絕對不能讓任何人淪為「砲灰」，而應專注於討論問題與解決方案，由大家集思廣益一起想出來的解方，是最理想的。

仔細分析失敗的前因後果

你要如何從失敗中學習？你要如何汲取有用的資訊？老實說，大多數的失敗都是複雜的，無法三兩下就能釐清，而且原因往往不只一個。所以，最好能召集不同專長的人組成研究小組，這樣說不定某個人可以從不同的角度，看出被你忽略的失敗原因。

你還可以從反方向著手，弄清楚是哪裡做對了。這種做法不僅能提振士氣，而且確保你們下次還會再做對。對於順利進行的事情，我們往往視為理所當然，但凡事豈能盡如人意。不論好事還是壞事，都必須剖析箇中細節，才可從中學到經驗。

如果你一向獨來獨往，或是你想弄清楚為什麼會失戀，那你可能不想讓別人插手你的私事，這是可以理解的。那我會建議你把整件事寫下來，而且同樣好事壞事都要交待清楚，然後用顏色區分好壞事。（不少公司運用此一技巧製作報告，例如：綠色代表好事、黃色要注意，紅色則是問題所在。）然後逐一解析你的失敗和成功，你可以參考Tinder創辦人尚恩．瑞德的做法，不斷問你自己：為什麼？為什麼會發生這種事？該怎麼做才能避免此事？你能採取哪些不同的做法？（這可不是在替你的失敗找藉口喔，我曾再三強調，你無法控制別人的行為，但你若修正自己的行為，說不定日後就可避免失敗。）

就拿此刻我正在喝的零卡可口可樂（Coke Zero）來說，這個產品就是在徹底檢討失敗後誕生的。時間回溯到二〇〇四年，當時，可口可樂想為二十至四十歲的男士打造一款專屬飲料。健怡可樂的銷量雖然很棒，但它似乎比較受到女性的偏愛，就連廣告也是鎖定女性消費者：辦公室裡的一群女生互相提醒「可樂休息時間」到了，然後全跑到窗邊，觀賞肌肉猛男大口猛灌健怡可樂的養眼畫面。該公司認為不應忽略男性消費者的需求，於是推出男士版的低卡可樂，並稱之為 C2。它的卡路里與碳酸都是正常可樂的一半，但味道完全不變，這樣的配方肯定能受到男性顧客的喜愛。該公司砸下五千萬美元的重金大肆廣告，誰知產品卻堆在全球各地的貨架上乏人問津，銷售情況慘到不行。可口可樂公司檢討失敗原因後才發現，原來男性跟女性一樣，也想喝零卡的可樂。該公司立刻從善如流，在一年後推出零卡可樂，這個從失敗中學到的經驗，現在已成為該公司最暢銷的商品之一。

重點就是，**如果你想挑戰自己、做出一番成績，並且活出充實又有意義的人生，失敗肯定會在其中占有一席之地**。史上最成功的創作歌手之一尼爾．羅傑斯（Nile Rogers），就把他的非凡成就歸功於曾經歷過諸多失敗，並且仔細分析失敗的原因。自一九七〇年代起，羅傑斯創作出多首膾炙人口的暢銷舞曲，包括由他自寫自唱的〈怪物〉（*Le Freak*）、大衛鮑伊演唱的〈一起跳舞〉（*Let's Dance*）、瑪丹娜唱紅的〈宛如處女〉（*Like a Virgin*）。

羅傑斯曾說出一段家喻戶曉的名言：「你將會遇到失敗，而且不只一樁；那些失敗將會成為你的頭號教學機制，因為它們會教你如何成功。等你學會用平常心看待失敗，你就能以平常心看待成功。」

第 9 章

吃對苦身心進補、吃錯苦人生痛苦

這是個面積一百四十多坪、位於紐約市的黃金店面，地上鋪著貴氣的大理石地磚，穿著純白外套的美容師，笑容可掬地為客人服務。店主是年僅二十七歲的瑪西亞・齊格爾（Marcia Kilgore），看著眼前的一切，連她自己都不敢相信居然能拚出這番傲人的成績。幾年前，齊格爾還只是個住在紐約東村的私人健身教練，每天都為了應付生活基本開銷而忙碌打拚。但如今的她，不但已是名聲響亮的美容大師，而且還擁有一家名為「Bliss」（意指極樂、狂喜；天賜之福）的水療美容會館（Spa）。像她這樣一個來自加拿大某個偏鄉小鎮、完全沒有任何商業背景與經驗的年輕女子，究竟是如何白手起家、打造出一個市值高達三千萬美元（約新台幣九億元）的化妝品事業？齊格爾表示，她成功的關鍵在於懂得「吃對苦」——毅然告別「前途無亮的苦」（slog），勇敢追求「前途無量的苦」（grind）。

英文單字「grind」，通常會讓人聯想到咖啡豆被磨豆機研磨成咖啡粉，或是麥粒被石磨碾成麵粉的畫面；甚至還會讓某些人回想起小時候，在暑假游手好閒了兩星期，爸媽一看到你就搖頭叨念：「去找點正經事來做做吧。」也有人聯想到大考前，好心的老師耳提面命：「繼續努力K書，千萬別鬆懈了。」

grind 指的是「長時間的努力工作」，堅持不懈地重複相同的動作，但回報卻很少，是那種耗時費力的不適。如此說來，這個字的意涵似乎頗不討喜，大家應該會避之唯恐不及吧？實則不然，如果你想要成功，就必須願意吃苦；不論是思想家、創作者還是創業家，全都必須「吃苦」才能「脫胎換骨」。像當年，尚恩．瑞德跟他的創業團隊，也是吃了不少苦頭，才讓 Tinder 大獲成功。當代最優秀的舞蹈家艾力克．安德伍也是如此，他的職業舞者生涯，就是靠著「吃足苦頭」掙來的。至於英國的自行車女王維多莉亞．潘德頓，要說她是吃苦女王也不為過。

但重點是，我們不能不分青紅皂白「有苦就吃」，而應**選擇「前途無量的苦」**，**它能讓我們充滿活力與鬥志，幫助我們獲得重大的突破與成就；吃這種苦能讓我們精進技能，從而擁有獨門絕活。反之，「前途無亮的苦」會消磨我們的志氣，讓我們疲於奔命卻始終只能原地踏步**。

當然，世上的確有人完全沒吃過苦就一夕致富或突然爆紅，然而這些快速成功的人，卻鮮少能夠更上一層樓。為何如此？因為少了「吃苦」的歷練，往往不會備妥應變計畫，決策過程也無相關經驗可參考，當然更無法培養模式辨識能力，正確判斷某些做法是否可行。雖然你會覺得「前途無量的苦」沒什麼了不起，但其實沒吃這種苦，你還真的無法成功。

齊格爾來自加拿大某個偏鄉，十一歲的時候父親就過世了，由擔任祕書工作的母親，獨力撫養三個孩子，清寒的家境讓她從小就養成吃苦耐勞的個性。

剛邁入半百之齡的齊格爾，如今已是全球知名的企業家，她曾創辦多項事業，全都大獲成功。她把「Bliss」賣給LVMH集團（酩悅・軒尼詩—路易・威登集團，世界最大的跨國奢侈品綜合企業）之後，又創立化妝品公司「Soap & Glory」，經營數年後，轉手賣給英國藥妝龍頭「Boots」。照理她已經賺飽退休金可以提早享受人生了，但齊格爾卻沒閒著，又陸續開創了兩項新事業：一是號稱能讓你邊走邊運動下半身的「FitFlop」鞋，以及在時尚媒體界大獲好評的美體商品品牌「Soaper Duper」。更在二〇一五年推出了顛覆業界做法的護膚產品品牌「Beauty Pie」。

開創新事業明明是件勞心勞力的苦差事，充滿大量的不適，她為何能樂此不疲？因為真正的成功人士，就愛這種「好的不適」，而這也正是齊格爾口中「前途無量的苦」。

當我們在倫敦某家咖啡館見面時，她剛結束赴瑞士考察「Beauty Pie」代工廠商的行程，並且興致勃勃地介紹即將推出的精華液及面膜。「Beauty Pie」採用的是定期訂購的商業模式，使用者按月付費，即可用工廠批發價的優惠價格，買到跟世界名牌化妝品相同代工廠生產的商品，像是她家的口紅，一支要價僅兩百元台幣還有找。

齊格爾從不諱言她是從小苦過來的，父親過世以後，家裡的經濟相當困難，懂事的齊格爾早早就開始打工。十七歲時，她獲得紐約哥倫比亞大學的入學許可，而且姐姐也答應幫她付學費。但是，當齊格爾抵達校園後，卻遇上晴天霹靂：「我姐原本是有那筆錢的，但後來沒了！而我連回程的機票都沒有，就這樣被困在紐約。」

此時的她墜入了不適圈，但她就跟所有成功人士一樣，絕不輕言放棄，而是找出度過難關的方法。由於她一向熱愛運動，所以她決定當個私人健身教練。（幸好當時是一九九〇年代，大家並不會要求出示證照什麼的，況且多的是有錢有閒的客戶。）但問題是這份工作的工時很長，而且工作內容相當累人，這就是齊格爾提醒大家要避開的「前途無亮的苦」。

齊格爾說：「我總是一大早六點半就要趕到客戶指定的地方，一直忙到晚上十一點才收工，而且為了省車錢一路走回家。苦熬了幾年後，我心想：『這樣下去恐怕不是辦法。』」

那是一種徒勞無功的糟糕不適，就像希臘神話裡的薛西弗斯，永無止境地把一塊巨石推上山頂，但每次巨石都會再跌落至山下。齊格爾意識到自己必須有所改變，否則所有努力只是白費工夫。

當時，齊格爾因為身體過度操勞，所以皮膚出狀況、滿臉「豆花」，她決定學習護膚課程，解決自己的皮膚問題。沒想到，她的學員們非常捧場，紛紛找她提供護膚服務。

於是，她在蘇活區的東河儲蓄銀行大樓租了一間很小的工作室，當時紐約最知名的畫廊老闆李奧．卡斯代利（Leo Castelli）經營的畫廊也位在這棟大樓裡，只不過他的店面足足有一百四十坪。

「當時，真的很辛苦，我每個月的店租要七百美元（約新台幣兩萬一千元），再加上我自己的房租，每個月的固定開銷就是一千五百美元（約新台幣四萬五千元）起跳。而我擔任私人教練的收費是一堂課四十美元（約新台幣一千兩百元），所以我得教好多堂課才能付得起房租。我週六全天都在幫客人作臉，晚上收工後還要忙著清洗毛巾。」

對於大多數人來說，這樣的生活真是苦不堪言，每天都累得要命，卻還要擔心房租付不出來，真是何苦來哉？但其實，齊格爾的命運正在改變，雖然改變的幅度小到根本看不出來，但已經足以讓她覺得事情正逐漸往好的方向發展。

蘇活區有個女生能「妙手回春」的事情很快傳開了，大家都知道齊格爾能讓你的臉「煥然一新」，就連紐約在地的搖滾樂團「音速青春」（Sonic Youth）的主唱兼吉他手金・戈登（Kim Gordon）也成了她的客人，其他的名人客戶包括女明星貝蒂・蜜勒（Bette Midler）、黛咪・摩爾（Demi Moore），以及脫口秀女王歐普拉。美國版的《Vogue》雜誌刊登了一篇她的專訪，吸引超級模特兒紛紛上門，這時她才二十三歲。為了應付愈來愈多的客人，她搬到一間更大的工作室，還雇用幾名助理。預約做臉的電話從早上七點到晚上打烊前都沒停過，等候的名單居然排到十八個月以後。「做臉的客人會希望每個月都做，甚至有客人表示：『我每星期固定做臉兩次，而且我要預約兩年的療程。』」

齊格爾的士氣開始凝聚，這時，李奧・卡斯代利（Leo Castelli）的藝廊剛好空出來，於是她決定接手承租，店名也想好了，叫做「Bliss」。

「Bliss」後來成為全球最有名的水療美容會館之一，想要到它位在蘇活區的總本店消費，可得提前好幾個月預訂。由於「Bliss」營運十分成功，獲得 LVMH 集團的青睞，並出價三千萬美元（約新台幣九十億元）向齊格爾買下，這年她才二十九歲呢。

要是當初齊格爾沒有慎選目標，只是一味地埋頭苦幹，還能如此成功嗎？她表示：

「天底下每件正經事都不輕鬆，若你想要有所成就，吃苦是跑不掉的。但我是先經歷過『前途無亮的苦』，然後才進步到『前途無量的苦』，最後再晉升到終極版的『前途超級無量的苦』。」

找到能讓你成長的吃苦目標，苦才有意義

看過上述的例子，各位可以了解到，想要從平凡飛躍至成功，必須嚐過「前途無量的苦」。但當初，齊格爾若沒有努力熬過私人教練的苦日子，就無法進階到臉部美容的工作，更不可能創立「Bliss」。「前途無量的苦」是攻上山頂必經的上坡路段，而「前途無亮的苦」則是在山下不斷來回奔波，雖然也很辛苦、卻無法向上提升，**「前途無量的苦」能產生改變，「前途無亮的苦」卻只能讓你原地踏步**。

成功人士多半都會擁抱「前途無量的苦」，那能激勵他們努力打拚，有些人甚至認為那是讓他們最樂在工作的部分。就像英國知名兒童文學作家羅爾德．達爾（Roald Dahl），四十多歲才開始創作童書，到他七十四歲過世為止，一共出版了四十多本暢

銷童書。大家或許以為一年出版一、兩本書，對他來說肯定不費什麼工夫。但他堅持每本書的第一段，一定要寫一百五十次；你沒看錯、也不是我打錯，真的是一百五十次。明明只花幾分鐘就能完成的故事，幹麼非要自找麻煩一再重寫呢？那是因為他知道，像這樣不斷逼自己想出新的字句、構想與風格，才能寫出更精采的作品。

被譽為二十世紀最佳樂團之一的「電台司令」（Radiohead），也跟達爾一樣是出了名的「慢工出細活」。別人的做法是，每天在錄音室裡待上幾小時，靠著經典的作曲範本哼哼唱唱，就能完成一張專輯。但他們不肯從俗，因為浪費時間創作相同的音樂會把他們逼瘋，所以他們會找一段時間，密集地到錄音室「磨出」新的唱法和曲風。

有別於大多數作曲家，靠著相同的模式和節奏創作出新樂曲；他們的做法是不停地試彈試唱，讓音樂一點一滴慢慢成形。大多數歌手都會維持大同小異的曲風：有著相似的歌曲長度、在相似的地方放入副歌及和弦。因此加拿大流行歌手小賈斯汀（Justin Bieber）的專輯聽起來就是他的曲風，英國搖滾樂團「齊柏林飛船」（Led Zeppelin）的專輯也是如此。

但電台司令可就不一樣了，他們絕不會製作兩張聽起來差不多的專輯，他們喜歡創新，不管之前的專輯有多暢銷，他們都拒絕沿用或模仿之前的作品，例如：他們的第三張專輯《OK電腦》（*OK Computer*），是一九九〇年代銷量最好的專輯之一；但是他們的下一張專輯《一號複製人》（*Kid A*），不僅睽違三年才問世，而且曲風跟上一張專輯截然不同，他們揚棄了上一張專輯使用的吉他炫技及傳統的作曲結構（主歌接副歌接主歌），改採一種充斥著電子節拍、合成聲音甚至是嘻哈的全新聲音。

我還記得那張專輯上市後，他們很多粉絲都表示失望。但我耐著性子認真聽完整張新專輯後發現，每首歌的節拍、歌曲長度全都不一樣，甚至是進副歌的地方都截然不同。而且我每多聽一遍，就益發覺得這張專輯好有深度，比上張專輯更精采也更複雜，對這個極具挑戰性的新聲音也愈聽愈順耳。如今，這張專輯已被全球樂迷評定為該團有史以來最棒的一張作品。

分辨不適的好壞，懂得從失敗學習

誠如齊格爾所言，要成功就必須吃對苦，但有時候，我們就是會傻傻分不清楚。雖然大多數時候，當你吃過「前途無亮的苦」之後，你會邁入「前途無量」的階段；

但有些人卻不幸苦過頭，實在撐不下去，只好半途放棄，結果永遠無法到達「前途無量」的境界。我們絕不希望看到這種情況發生，因為這樣你將永遠與成功擦身而過。

究竟該如何區分不適的好壞呢？壞的不適有可能變好嗎？換言之，如果你覺得自己只是成天做牛做馬，根本看不到未來，你要如何把「前途無亮」變成「前途無量」呢？

當你看到「吃苦」這個單字，是不是馬上聯想到某個萬念俱灰、滿面愁容的可憐蟲，眼看就要放棄他們的人生了？前途無亮的苦，是那種會讓人感覺前途渺茫、走投無路的辛苦。

你有過那樣的感受嗎？我就有過。當時，已經進入二十歲「後段班」的我，如願以償到一家知名女性雜誌上班，我為自己終於獲得夢寐以求的差事而雀躍不已。俗話說「凡事起頭難」，剛進去的時候雖然苦不堪言，但我想那是ＯＫ的，因為所有的新工作都是如此，否則你怎會逼自己精進呢？但問題是，照理來說工作應該是愈做愈上手，但我面對的困難卻似乎永遠不會稍減，甚至愈做愈辛苦。我每天只會聽到同事提出相同的批評，一開始的興奮之情早已消失殆盡，我變得焦慮和憤怒，之後開始覺得無助。

當我想像在這兒待上六個月後的情景，我發現不管調到哪個職位都不可能改變我的處境。最後，我決定辭職，轉往另一家同業工作。新工作雖然也不輕鬆，但是前途卻很快就從「無亮」變成「無量」：我感覺自己的能力大有進步，而且不到一年就升職了。雖然第二份工作同樣很辛苦，但兩者的難處是不同的，在這裡我感覺工作更有幹勁，因為沒有人故意打擊我的士氣；我還覺得工作內容很有挑戰性，但不是老被逼著達成不可能的任務。雖然每天都要出去拚鬥，但我是在前線奮戰的英雄，而非在後方跑龍套的小兵，所以我可以大展長才立下戰功。

你問我會怨恨前一份工作嗎？並不會。要是時光能倒流，我會想要把那段經歷從履歷表上刪除嗎？沒必要！這段經歷自有其重要性，它幫助我弄清楚「前途無亮的苦」是負面的，但「前途無量的苦」卻是正面的。當各位遇到糟糕的經驗時，例如：一段沒有未來的戀情、一份難搞的工作、一段愈來愈不愉快的友誼，務必要快刀斬亂麻，但不必心生怨恨；因為這些糟糕的經驗，能幫助你正確理解這世界，明白自己該把時間和精力投注在正確的方向。各位或許曾聽某些人出於好意對你說：「聽我的準沒錯」，但我對這種說法相當不以為然。因為俗話說得好：「爾之蜜糖、彼之砒霜」，某人眼中「前途無亮的苦」，對另外一人來說卻未必如此。而且我堅信，如果你想要測試自己有多大能耐，就一定要逼自己進入不適圈，這樣你才知道自己的斤兩。

想要理解「前途無亮的苦」，最好的方法，就是拿它跟「前途無量的苦」比一比。不過，這個方法並不適用於所有人，只能當個粗略的參考，說不定你會從中領悟到一些事情。

「前途無亮的苦」會讓你覺得：

- 你覺得自己一直重複做相同的事情
- 你發現自己一直重複想相同的事情
- 你一直從周遭的人聽到相同的反饋
- 你的心情愈來愈無精打采
- 你開始感覺焦慮、沮喪或甚至憤怒
- 你經常記不得當天做了哪些事情
- 你缺乏使命感
- 當你聽到別人說他的生活很「充實」，你會很嫉妒
- 你無法想像有任何事情在改變

「前途無量的苦」會讓你覺得：

- 你感覺自己有些許進步
- 你覺得自己在做事情時，會想到一些新的想法或方法
- 周遭的人會給你鼓勵性的反饋
- 一段時間後，你會從身邊的人聽到不同的反饋
- 一段時間後，你雖然覺得受到挑戰、卻也充滿幹勁
- 一段時間後，你開始感到向上提升，做事情更果決且更投入
- 你非常清楚自己每天做了哪些事情
- 你對自己正在做的事，感覺很來勁、很充實
- 你能夠想像獲得成功時的模樣

綜上所述，想必各位已經明白，從局外人的角度來看，前途亮不亮似乎沒什麼大不了，但是，當你置身其中時，你的感受會大不相同。齊格爾是這樣形容「前途無亮的苦」：「你明知道自己每件事都做對了，你擁有很棒的想法、很棒的事業計劃，但不管你多努力，就是起不了任何作用。」

大多數人會說：「這件事之所以沒著落，是因為我還沒遇到對的人願意投資它。」我也聽過有人這樣說：「這事之所以行不通，是因為人們還不懂它的概念。」但我要說句老實話，如果你一再從外界得到相同的訊息，而且你已經拚盡全力，每天都累得跟狗一樣，但你提出的想法已經不可能再改進，你必須問問自己：我費的這番苦心，究竟是「前途無亮」還是「前途無量」？

我知道要你問自己這個問題相當殘忍，畢竟你已經付出了大量的努力、金錢和時間，所以你很難逼自己面對現實。但你遲早必須問自己：任何進一步的改變，是我能掌控的嗎？如果你還在等一位真正「懂它」的投資金主，你的處境才能改變，你最好重新考慮一下，因為那個人有可能永遠都不會出現。這時，如果你還不肯死心，抱持著最後一絲絲的希望：有個金主帶著大筆資金出現，他愛死你的發明了；到頭來恐怕只會落得不斷做白工的下場，更糟的是，你的精力與樂觀心情終究會消磨殆盡。

總之，把希望寄託在別人身上的人生計畫是不可靠的，除非你有能力掌控一切，否則你不可能捱得過「好的不適」。自己無力掌控、只想依靠外來的奧援，情況會變得可怕許多。**當你確定自己吃的是「前途無亮的苦」，最好能立刻收手，但好消息是：你之前付出的時間並非白白浪費掉**。

接下來我要跟各位講個故事，主角是位年輕的女性，我姑且稱她做麥狄蓀好了（因為她說她一直很想叫這個名字）。言歸正傳，她在十年前辭去空姐的工作，決定推出一款提供到府按摩服務的手機應用程式。這點子跟食品外送服務差不多，只不過送到你家的不是披薩或飲料，而是真人按摩師。她曾向一些朋友徵詢意見，但他們並不十分確定，所以不置可否。

她的想法比優步叫車服務早了好多年，而且你不是上陌生人開的車，而是把陌生人請進你家，並且脫掉衣服讓對方按摩。總之整個構想聽起來怪怪的。（但現在就不足為奇了，因為已經出現一款叫做 Urban Massage 的手機應用程式。）她經歷了一輪又一輪的募資，但始終乏人問津。她發現要找到按摩師加入也沒那麼簡單，因為他們也很擔心到陌生人家裡，以及按摩完才收費是否可行。（就如我剛才所說的，那是很久以前的事了，當時並沒有第三方線上支付工具 PayPal 之類的交易方式。）

每次我見到她，她都跟我說一樣的事情：好辛苦喔，都沒有人加入。她說她再也受不了打電話被人拒絕的痛苦了。每次我問她狀況如何時，得到的答案都是這樣。即便她拚盡全力，但她的處境始終沒有任何改變，她的士氣開始消沉、心情也變得憂鬱，因為這麼拚命卻看不到光明的未來。她認為唯一的解方，就是找到一位「真正有眼光」

的投資金主；但問題是，她早就已經接觸過「真正有眼光」的投資金主，他們全都擁有傲人的投資成績，但沒有任何人有意投資。在努力了三年後，她終於決定放棄了。

如今，她經營一家非常成功的清潔公司，居間安排清潔人員到有需要的家庭裡打掃。這份事業其實不輕鬆，要處理客戶的抱怨、要確保清潔人員準時抵達客戶的家裡打掃，而且每件委託案都必須達到一定的標準，但她卻樂在其中。她告訴我，每天都會遇到很多挑戰，但全是好的挑戰。而且她對這份事業的下個階段，已經有了清楚的想法；所以投資金主、朋友和同儕全都異口同聲，誇她運氣不錯，遇上了好點子。但她表示這點子並非憑空從天而降。

「這份新事業之所以能夠成功，有一部分要歸功於之前那個按摩師應用程式的開發工作。那件事雖然沒有任何成果，但當時我付出的所有努力，卻在我不知情的情況下，建立了一套很管用的範本；讓我二度創業時，能夠很快辨識出有用的訊號，以免重蹈覆轍。我再次創業時，會小心避開前次的失敗。那次的失敗讓我更加專注於我的目標，所以，我真心覺得那三年的時間沒有白費。」

好的苦，會激勵你繼續前進

廚師是個極其辛苦的工作，它的工時很長、工作內容單調又重複，而且整天被兇巴巴的工頭呼來喝去、要求你做東做西。當你請教那些頂級廚師，當初進這一行的情況，他們多半都會說苦得不得了：連續工作數月沒得休假、上工後一站就是好幾小時、幾乎沒見過日出，而且做的都是廚房裡最辛苦的雜事。

我認識一位女主廚（姑且稱她做艾莉絲），她從一家全球最知名的餐廳展開她的職業生涯。那時，她才十八歲，開始工作的頭六個月，負責把羅勒葉切成完美的小正方形，放在冰淇淋上做為點綴。完成品必須經過甜點師傅的檢查，只要葉片出現一丁點的損傷或是大小不一，師傅就會要求她全部重切。（諷刺的是，客人根本不會注意那些小正方形，它們幾乎一上桌就被客人挑掉。）

但她卻表示，那段時光是她職涯中最棒的經驗之一，因為她能感受到自己每天都有一點點的進步。每天早上她期許自己少挨師傅的責罵，每天晚上她期許自己少讓葉片被丟進垃圾桶裡。儘管每天的進步小到不行，但她已經能感受到自己的職涯有在進步。其他許多廚師也都是這樣走過來的，他們也都很愛聊起剛入行的那段時光。

廚師這一行的階級是相當嚴明的：你要先從廚房助手開始做起，負責把羅勒切成小正方形。之後升至二廚，學習如何烤魚，或是煎出完美的牛排。再上去會被升至副主廚，然後是行政主廚。重點是，在這趟旅程中，你踏出的每一步，會累積成為你的進步，而它將撫平你做這份工作的不適，所以那是好的不適。

世界最成功的米其林三星主廚之一馬可斯．渥林（Marcus Wareing）便曾說過：「當上主廚的關鍵是努力工作與犧牲奉獻。要是你夠聰明的話，你會選擇從基層做起，然後一步一步往上爬。」

艾莉絲則是這麼做的：「當甜點師傅看到我切好的羅勒葉是點頭而非責罵時，我就知道我進步了。之後點頭會變成拍背，拍背之後就會變成升級。」

由此可見，「前途無量的吃苦」往往伴隨著一些小小的進步象徵，像是具有鼓勵意味的握手，或是誇獎你「做得很好」。所以你要留意這些變化，並且感受到自己正不斷往前邁進，而你周遭發出的訊號，也會呼應那樣的情況。上述種種情況，會令你覺得很開心、很有幹勁，就像那些年輕的廚房助手，被師傅指派去為晚上的餐飲做準備時，心情都會十分雀躍。

英國的米其林三星主廚湯姆．紀慶（Tom Kitchin）說得好：「當你日復一日忙得不可開交時，特別需要那額外的精力與熱鬧。我相信大多數廚師都會同意我的說法，餐廳裡最怕遇到的是，你一進廚房發現裡頭居然變得很安靜，那肯定是出問題了，大夥鬆懈了、士氣潰散了、優勢也不見了。」

第 10 章

如何不難為情的成功自我推銷？

幾年前，我打算寫一篇雙人運動的專題報導，所以我在推特（Twitter）發了一則推文：「想聽情侶一起運動的故事，意者請連絡我。」沒幾分鐘我就收到一則回文：「法拉妳好，我叫喬伊，我跟女友一起運動喔，歡迎隨時找我聊聊。」

我馬上打電話找他，喬伊的聲音有點高亢，聽起來很像足球選手貝克漢，而且從言談間就能感受到他是個非常熱心的暖男。他是私人健身教練，還在住家附近的公園裡教大家運動，他為客戶設計的健身計劃亦大受好評。我們一聊就是二十分鐘，他對我提出的每個問題，都會認真思考過後再回答，真是個討人喜歡的年輕人。

在我們即將結束訪談之際，他告訴我，要是將來我還需要任何有關運動或營養方面的資訊，歡迎隨時找他，他會立刻提供給我。聽他這麼說，我不禁暗自在心裡歡呼，太棒了，這樣我可以省下好多時間。後來，我還真的又找他了，因為我要寫另外一篇關於運動的報導。他在一個小時內就送來一篇寫得很棒的文章，完全就是我想要的內容。末了，他在電郵中順帶提及，要是我想試試塑身計畫，也歡迎隨時找他喔。

當時，我心想：「哇，這人真好，又那麼能幹，我一定還要再找他幫忙。」殊不知計畫永遠趕不上變化，短短十八個月後，他已經成了家喻戶曉的名人，還是二〇一七年的暢銷書作者！他開始出現在全國各大媒體，還主持一個電視節目，想要請他幫你規劃個人專屬的塑身計畫，可得所費不貲。這位年輕有為的帥哥叫做喬伊．威克斯（Joe Wicks），如今他已是全球最成功的健身明星之一，也是賣力推銷替自己爭取機會者（hustler）的最佳典範。

賣力推銷要拿捏好分寸

本章要討論的主題是如何賣力推銷替自己爭取機會（hustle），但這事其實挺辛苦的，沒人喜歡這樣做。它的不適來自三個層面，其一是當你想到別人會怎麼看你，你的內心就快活不起來。其二則是如何找到正確的推銷對象，也挺傷腦筋的，這是實際作業上的不適。其三，明知沒有什麼東西可以報答對方，卻還是厚著臉皮開口請人幫忙，那真的是打從心底感到難為情。

在我小的時候，「hustler」這個單字只有貶意，基本上就是指騙子或妓女。當我們形容某個人 hustle 別人，表示他是用強制或不法的手段逼別人就範；我曾經不小心聽到我媽形容某位叔伯是個「hustler」，從此以後我就對這人「另眼相看」。直到我成年之後，這個字還是沒能洗刷汙名，仍舊跟光明磊落扯不上邊，所以用這個字形容別人，肯定是在辱罵對方。想不到最近這幾年它居然鹹魚翻身，被重新定義為正面的「忙碌」，人們開始大剌剌地在社群媒體上誇耀自己「好忙」，還有人像傳福音似地教大家「賣力打拚才能贏過別人」；市面上可以買到印有「保持謙卑、繼續打拚」字樣的T恤，或是封面上寫著「我是大忙人」的筆記本，彷彿這是世上最能激勵人心的口號。

事情會演變成這樣，又是矽谷人惹的禍——如今世上大多數事情都跟他們脫不了關係——他們正是鼓吹「賣力推銷」的始作俑者。這是因為矽谷人向來最崇拜創業者，想要成為一名傑出的創業家，賣力推銷可是必備的基本功，你必須努力替自己製造機會，讓每個人都能看到你或你的事業。若你選擇當個創業者，每個月不會有一筆薪水準時匯入你的戶頭，將來退休後，也沒有公司的退休金可領。所以你必須絞盡腦汁，努力鍛鍊你的「機會直覺」，只要遇到適當的機會和對象，就要好好介紹你自己及你的事業。

矽谷最有名的偶像級人物賈伯斯（Steve Jobs），堪稱是賣力推銷的祖師爺。他在八年級的時候，就想要自己組裝一具計頻器，當時，惠普是全球最大的電腦公司，年僅十二歲的賈伯斯，從美國加州帕羅奧圖市的電話簿上找到惠普公司的電話，竟直接打電話給他們，詢問是否有零件可以賣給他。

想不到，接電話的人居然是惠普的大老闆比爾・休利特（Bill Hewlett），結果你猜怎麼著？休勒不僅把零件免費送給賈伯斯，而且還讓賈伯斯暑假到他們公司，實地學習如何組裝計頻器，這真是個令人嘖嘖稱奇的賣力推銷典範。

但賈伯斯本人倒是非常淡定，他以自己的經驗斷言，只要勇敢開口，凡事都能有求必應：「祕訣就是你要下定決心這麼做，但大多數人從不開口詢問或請託，這或許就是做實事者跟做夢者的差別吧。我不曾遇過開口請對方幫忙卻一口回絕我的人。」

瞧他說的，好像真有那麼簡單！你只要開口請人幫忙，對方就幫啦，最好是！但這是賈伯斯親自傳授的心法，粉絲們當然深信不移，所以他們勇敢打電話給心儀的企業，請他們提供實習機會或是賞個工作。他的這番話還鼓舞了眾多創業者，他們出席各種社交活動，到處分送名片，逢人就問能否改天一起喝咖啡，應該說是聽聽他們的創業大計。我自己的社群媒體資訊流也有一群信奉「賣力推銷教」的年輕男女，熱切地想要跟我見上一面，好「聽聽我的高見」，或是讓我們「一起合作開發新點子」。

「有求必應」其實有個很重要的前提，但賈伯斯卻略而未提：**在你開口要求幫忙的同時，你有東西能提供給對方。這種「禮尚往來、投桃報李」的做法，才符合人情**

義理。當你第一次開口請人幫忙，別人的確有可能會幫你，說不定第二次也還會幫，但是，到第三次的時候，別人恐怕就不想再當冤大頭了。如果各位不認同：「妳錯了，我經常受到很多人的幫助，而且我根本沒有回報他們任何東西。」那有幾種可能：

一、你很幸運

看來你似乎遇到了人類史上唯一一群超級佛心的人，才會這樣無條件地一再幫助你。恭喜你！有了這群守護天使，你根本不需要讀我這本書，他們能夠給你的幫助，遠超過世上任何一本勵志書籍，我准許你立刻扔掉這本書。

二、你很天真

你的贊助者或許都不指望你回報，但你不妨認真想想，自己是否擁有某些技能，能在他們反過來向你求助時派上用場？你賣力推銷的這些東西，是否多少對他們的生意有些幫助？我敢打賭你們之間必定有一些互蒙其利的地方，而且必要時，他們絕對會來跟你「討人情」的。

三、是你一廂情願

我恐怕戳中了你的痛處，但真相就是這麼殘忍。對方其實已經受不了你的白目與死皮賴臉，即便他們還是會出手幫忙，但我敢保證，你要求的愈多，他們會愈來愈不想幫你。他們的回覆速度是不是比以前慢很多？你們的往來是否不再像從前那麼熱絡？如果你的答案是肯定的，那是因為他們的「耐性」已經被你磨光了。

所以，賣力推銷究竟該怎麼做才對？有沒有什麼方法，能把對方「迷得團團轉」，對你「有求必應、百依百順」呢？最重要的是，該怎麼做你才不會覺得難受。努力變成跟賈伯斯一樣的人？賣力推銷可是他的拿手絕活，就算全世界的人都盯著他看，他也沒在怕的，在舞台上走來走去、侃侃而談，彷彿像逛超市那般輕鬆自在。但是，對我們大多數人而言，賣力推銷真的非常困難，我們不只覺得尷尬，還會覺得被對方「看扁了」。你很清楚對方根本不想聽你囉嗦，害你的玻璃心碎了一地。但我要告訴你，有個方法可以讓你大展身手，而且你愈常使用它，你的功力就會愈強。

推銷的重點在於，弄清楚對方的需求

美國的莎拉．布雷克利（Sara Blakely）是世上第一位億萬女富豪。各位或許沒聽過她的大名，但肯定知道她賣的東西：Spanx 牌塑身內衣。這玩意兒可是贏得全球女性的芳心呢，有了它，聖誕節吃再多都不怕。她開發出來的神奇內褲，居然有辦法讓滿是贅肉的小腹及臀部全都塞進去。這個產品替布雷克利賺進億萬身家，但在上市之初卻沒有人看好它的商機，大家都覺得這只不過是一件剪掉褲管的褲襪，布雷克利必須出奇招拚命推銷。

從布雷克利拿下美國高檔連鎖百貨公司尼曼馬可斯（Neiman Marcus）的第一筆訂單，就能看出她有多厲害。她先是不屈不撓地連打了好幾星期的電話，最後終於跟該公司的採購總監約好見面的時間。但是，當她滔滔不絕地跟對方介紹自家的產品時，她發現對方根本沒注意聽。你猜她怎麼做？她請採購總監跟她一起去廁所——她肯定是鼓足了勇氣這麼做。等她們一進到女廁，布雷克利指著她沒有穿 Spanx 的身形，接著進到廁所裡面，穿上自家的塑身內衣後走出來，對方對前後判若兩人的差異大感吃驚，並且立刻下單要鋪貨到全美國七家店銷售。

布雷克利的應變能力堪稱是天才等級，她在那個重要的時刻發現到，光用口頭介紹自家產品的優點，恐怕不足以打動對方，她必須讓對方親眼見識到她的產品有多厲害，並讓對方明白，她的產品將大幅提升內衣部門的業績。在看到對方失去興趣的當下（採購總監肯定已經被好幾家廠商用類似的推銷話術輪番炸暈了），布雷克利明白她必須趕緊做出應變，別再一味強調自家產品的厲害，而應告訴對方，這些熱銷商品將會替百貨公司賺進大把鈔票。

等產品一上架，布雷克利立即展開第二波的賣力推銷，因為她知道只有第一批貨很快賣光，百貨公司才會繼續跟她下單。所以她連絡了一些朋友，她們居住的城市恰好有尼曼馬可斯的分店，布雷克利拜託她們一定要去百貨公司逛逛，並且購買一件中意的 Spanx 產品。但她並未占朋友的便宜，她不但退錢給她們，還要她們留下產品試用。這個貼心的舉動雖然看似微不足道，實則非常重要，為什麼呢？且聽我細說分明。

一般人以為賣力推銷就是不放過任何機會，其實你還必須懂得人性，才能適時掌握契機。人類雖然經過漫長的演化，但基本上仍保有部落動物的特性，回顧數千年前，人類以獸皮為衣的時代，各部落必須和平相處才能生存壯大；所以彼此間會投桃報李，你給我一些好處，我就回贈你一些好處，因此人類天生會期待回報。（不過，對同族人就會不求回報地付出，這或許可以解釋為什麼家人會對你有求必應，但你也不能太超過。）

時下當紅的群眾募資，就是深諳人性的傑作。群眾募資乍看之下似乎違反人的天性，居然能說動人們捐錢行善、或是支持你認同的某個商品或專案；但不可諱言的，當中肯定摻雜了「強迫推銷」（hard selling）的手法，而這也是他們高明的地方，他們非常懂得「被推銷者」，想要的回報是什麼。

前陣子，《柯夢波丹》雜誌訪問了近幾年最成功的群眾募資案的幕後操刀者，他們幾乎全數同意，對捐款者提供回報是最有效的誘因。（有趣的是，其中又以「地位」的效果最好，像是公開署名此專案獲得某某捐款人的贊助。）

由此可見，賈伯斯對於賣力推銷的說法是錯誤的。他說你只須開口要求，自然就會得到你想要的東西；如果你是賈伯斯，事情的確很簡單，被賈伯斯問到的每個人都很樂於幫忙，因為對方可是賈伯斯啊！不管你開口求助的對象是設計師、工程師還是記者，只要對方認為你能提供給他們的，比他們能給你的多更多，每個人都會很樂於幫助你。

但如果你跟我們一樣只是個普通人呢？如果你並沒有很多東西可以回報對方呢？

那事情恐怕就難辦了，搞不好得低聲下氣地拚命拜託。所以，**正確的賣力推銷方式是：先弄清楚對方要什麼，再想想你能幫得上忙嗎？或者，如果你能讓對方相信你有辦法，那算你厲害！**

彆腳的賣力推銷：「我想請你幫我弄到我想要的東西。」

高明的賣力推銷：「我有個好東西，它可以幫你弄到你想要的東西。」

上述兩種說法的差別，不光是後者的效果更好，而且姿態還挺高的。每個人都會有求於人，但這是個讓人相當難受的挑戰，所以我們要設法降低它的不適感。

滿足對方需求，才能有求必應

多才多藝的威克斯，從我的推文中看到一個契機，確定這就是他可以賣力推銷的「目標」（我當時任職的那家雜誌），而且他夠聰明，知道若能跟這個目標成功搭上線，一定要讓這個機會最大化。

他兵分三路發展。其一，他提供了我想要的東西。他知道我必須請教別人才能撰寫這篇報導，所以他讓自己成為這個「別人」。他還知道，當時身為健康雜誌總編的我，不時會需要諮詢一位運動暨營養規劃專家，那可是《女性健康》雜誌的主要賣點。（在此我還要特別強調一點，他很清楚這份雜誌的特質，顯見是做過功課的。之前我也遇過很多人想要跟我建立關係，可是他們卻對這份雜誌一無所知，也不知道我的工作內容；還有些發電郵到《柯夢波丹》指名要找我的糊塗蛋，竟然連我的名字都拼錯：莎拉、花拉、哈拉……有時甚至連雜誌都搞錯，像這樣的賣力推銷真的很瞎。）而且在我們第二度合作時，他順口問我想不想試試他的塑身計畫，這招真的太厲害了，反倒令我覺得自己欠他一份人情。

各位可還記得先前我是怎麼批評賈伯斯的？我說他宣稱「想要什麼儘管開口、別人一定會幫你」的說法，根本大錯特錯。其實，賈伯斯並非真的不懂如何賣力推銷，而是刻意對他本身的能耐輕描淡寫，他其實是箇中高手。

舉個例子，一九八〇年代初期，賈伯斯想挖角百事公司的總裁約翰・史考利（John Sculley）到蘋果公司擔任執行長，但史考利並未答應。史考利是從基層（送貨司機）

幹起的，所以他對這家公司有很濃厚的感情。賈伯斯可是淘汰了其他二十名應徵者才相中史考利的，沒想到卻遭史考利拒絕。

賈伯斯豈是那麼容易放棄的人，他明白自己必須更加把勁，所以他說了一段家喻戶曉的名言打動史考利：「後半生，你要繼續賣糖水？還是跟我一起改變世界？」

賈伯斯明白光是許以執行長一職，並不足以打動史考利，因為史考利在百事可是位高權重，而且薪水十分優渥。但是，若是能讓後人記得他曾經領導一家全世界最先進的公司呢？這樣的條件實在太吸引人了，根本無法拒絕。

這就是賈伯斯厲害的地方，他有辦法說動任何人去做任何事，但他之所以能夠有求必應，是因為他在提出要求的同時，也提供了對方想要的東西。賈伯斯擁有非凡的天賦、能夠洞悉別人的內心欲望，被同事戲稱為賈伯斯的「現實扭曲力場」——他所呈現的現實並非真正的現實，而是對方想要的那副模樣。

千萬別想一網打盡

在你賣力推銷之前，你必須先確認自己要什麼，以及誰最能幫助你得到它。雖然我個人堅信目標要遠大，但你的欲望必須務實，夢想請美國知名女演員葛妮絲·派特洛（Gwyneth Paltrow）來當你的代言人，恐怕有些不切實際。希望愈大，失望也會跟著變大，所以你一定要想清楚。

你想賣力推銷的對象，人數不宜超過十人，否則你可能會應接不暇。建立人脈的最快方法，就是口耳相傳，當你有了一個人脈，往往會帶你迎向另外一個人脈。但務必謹記「貪多嚼不爛」，千萬別想「一網打盡」一大群人，以免顧此失彼、兩頭落空。

好好想想，你需要他們為你做什麼？提供建議嗎？是哪方面的建議呢？請列出具體的內容。那些被大家鎖定的重要人士通常都很忙，隨口說什麼約個時間見面聊聊，恐怕無法打動他們。所以，你要慎重選出一件想跟對方詳談的事情（最多兩件），讓他們知道你不會得寸進尺。

接下來，你要仔細研究對方的所有相關資訊，這是記者在訪問任何人之前必做的功課。但我們做這些研究，並不是要打探對方的祖宗八代，而是因為對方可以一眼看穿你對他們一無所知，別問我為什麼他們會察覺，反正他們就是知道。現今很容易就可以找到任何人的資訊，社群網站能幫助你知道對方是什麼樣的人、喜好是什麼；推特則讓你能一窺對方的觀點及他們讀的東西。想要了解某人的專業背景，領英（LinkedIn）會是最佳管道，而且還能知道他們的技能與你的需求是否有交集。

你想要賣力推銷的「目標」確定後，問問你自己：**要是對方回應了，我能快速回應對方嗎？我的事業計畫書已經準備好隨時可以拿給對方看嗎？要是對方真的答應跟我喝杯咖啡，我是否能提出一份清單，清楚記載我想跟對方談什麼？**

我要再次強調，大忙人多半會在當下就把事情搞定：「我們現在就來談可以嗎？」這種情況我在職涯中遇過的次數多到數不清，所以在你洽詢任何人之前，務必先確認自己是否已經準備好了，如果對方當場問你：「現在來談可以嗎？」你的答案必須是肯定的。

在現今這個人人都在賣力推銷的世界裡，**決定勝負的關鍵在於：速度、精確度及瞄準正確目標**。當我回想起從前我為女性雜誌撰寫的那些討論建立人脈的文章，不禁覺得汗顏，因為我老是建議大家一逮著機會趕緊遞上你的名片。但其實現在已不來這套了，因為人們大老遠就會偵測到有個想要賣力推銷的人。**聰明人絕不會「滿場飛」**，

而是針對與自己有關聯的一、兩個人下工夫，這樣的賣力推銷才有效果。

掌握自己的優勢，推銷更精準有效

當你走進某個房間，放眼望去全是不認識的陌生人，而你想要賣力推銷的那個人，身邊早已圍了一群人，天底下再沒有比這更可怕的事了。這時，你必須毫不猶豫地踏進你的不適圈，好好思考待會如何說出一段有趣的開場白，以免被對方當成是來索討簽名的粉絲。

提醒自己：你對對方有何價值。當你知道自己有能力投桃報李，而不是單方面的請對方幫忙，賣力推銷就不會那麼可怕了。請把你自己最拿手的十項技能寫下來，例如：你有什麼獨門絕活？你是個寫作高手、網紅、你在某個區域擁有一票人脈。

接著**仔細審視你的技能**：你能提供什麼東西幫忙對方？你的技能跟對方的事業，是否有任何交集？你發現對方的事業有漏洞，而你剛巧會「補漏」？

完成上述所有的基礎工作後，接下來就只剩自我介紹了。有個比我聰明很多的人曾經教我，當你與某人初次見面時，跟對方握手會是個好主意，你要直視對方的眼睛，並且報上你的全名（因為對方可能認識一堆跟你同名的人），這樣你才能一開始就讓對方留下好印象。

接下來，好好恭維對方，說你有多喜歡他們做的某件事，此舉不僅展現你對他們的了解，而且能快速拉近彼此間的距離、順利展開初步的互動。

在你們談話的過程中，要巧妙地提到你能幫忙的地方，像是：「說到我的上一份工作，我在六個月內把網路流量提升了五成。雖然我猜您可能用不著，不過，萬一您需要任何協助，千萬不要客氣，我很樂意效勞。」即便對方用不著你幫忙，不過他們會記住你的好意。難得遇見這麼大方、嘴巴甜而且看似能夠互通有無的人，即便此人有求於你，誰會不喜歡呢？

結語
123間歇心法是你百試百靈的人生導師

三年前，我決定進行一項試驗，因為我想擁有更豐富的人生，而且我覺得自己還有更多東西能夠付出。說不定，我有些連自己都不知道的長處（或是缺點）？我該如何發掘它們呢？譬如說，當初要不是被打鴨子上架，我怎會知道自己有辦法對著一群人發表演說，又怎會知道自己有能力領導一個大團隊？當時，我才剛過完三十五歲的生日，眼看再過幾年就要迎來四十大壽，我很想知道我究竟還有什麼能耐。

要逼自己進入不適圈並不容易，我們通常是在瞎打誤撞或被情勢所逼的情況下不得不踩進入那裡。逼自己進到一個事情更棘手而且壓力更龐大的區域，還真沒幾個人能做到。

不過，我從親身經驗得知，我在不適圈反而表現得更好，所以我得想個方法，儘可能逼自己頻繁進入不適圈。不過，我很清楚這事單憑意志力是辦不到的，畢竟可以自由選擇的話，大多數人都會選擇最好走的一條路，我當然也不例外。所以，唯一的方法就是：事來就做。換言之，從現在開始，我要逼自己變成「沒問題小姐」，凡是找上門來的請託，一概不得推辭。

不過，我很清楚自己的底線，所以我並不打算嘗試三萬英尺（約九公里）的高空跳傘，我指的是我**經常幻想著要做、卻從來不曾鼓起勇氣去做的事情；這些事情並非什麼偉大的目標，只是我個人的欲望，要是我夠大膽，我會毫不遲疑立刻去做**。

我想，要把這些欲望變成真正的目標，最快的方法就是先答應下來，之後再思考如何兌現承諾。所以，我雖然一向不碰政治，但還是接下了一個現場直播的電台政論節目。身為科技外行人的我，斗膽接下了一場晚宴的主持工作，來賓都是科技界的大人物。我不但答應在三萬人面前開講，還同意擔任 TEDx 的演講者，他們的影片可是會放送到全世界呀！總之，我接下了一堆過去從未嘗試過的工作。幾年前，我遇到這類邀約，多半都是先用這六字真言打發對方：「我再考慮看看。」但話才一講完，我就會聯想到屆時可能發生一堆可怕的狀況，為了避免自己出大糗，所以都是推掉邀約以除後患。

這就是為什麼我會開發出所謂的「個人心靈導師」，我知道有些人會嗤之以鼻，以為心靈導師就是要你喝下用椰子殼盛裝冒著熱氣的不明液體，然後告訴你：「解放你的心靈吧！」但我可不是在開玩笑。

我這輩子有幸遇到幾位聰明絕頂的導師，他們一再地推我一把、助我進入不適圈，我相信各位身邊肯定也有這樣的好人。過去這幾年來，要不是仰仗著他們對我的信賴，我絕對不敢先後接下兩份雜誌的總編輯職務。（我從沒想過自己會當上總編輯，好啦，老實說是有夢想過那麼一兩次，不過，我總是告訴自己，能夠定期在報紙的副刊撰寫專題報導，我該知足了。）能在人生中遇到賞識自己的導師，乃是上天恩賜的禮物，並不是每個人都有這個機緣，但你千萬不可想要事事都依賴他們。導師的好處是：**他們就像是暗路上的明燈，在指引你進入能帶來成長的不適圈後，他們就會功成身退，讓你自己大展身手**。

許多人會發現，有導師的指引我們會做得更好，我個人一向如此。有了導師在背後推我們一把，我們就會勇敢嘗試很多事情。他們絕不會讓我們臨陣脫逃，因為他們看好我們的潛能。導師很清楚我們的能耐，也知道我們只要多點自信，就有機會成龍成鳳。導師給我們的指點，就像自行車上的輔助輪：一開始的時候讓我們安心，等到學會後就不需要了。

如果你沒有導師，該怎麼辦呢？你的身邊從來沒有啦啦隊，賣力替你加油打氣，還不停昭告天下說你是最厲害的王牌？那樣的話，你只好充當自己的導師啦。

此話乍聽之下很瘋狂，但如果你決定要那麼做，我可以向你保證，你絕不會後悔的。因為我們大多數人都知道自己適合走哪條路，也知道自己想成為什麼樣的人、想到達什麼樣的境界。（如果你不知道自己想幹麼，是因為你怕到不曾認真想過此事。現在就去找張舒服的椅子坐下來，然後寫下你的想法。如果你能自由選擇，你會想去哪裡？會想要做什麼事？只要你堅持你的理想，它就會帶著你經歷一切。）

當我們擁有一位個人導師後，就能勇敢踏出第一步，嘗試各種新事物。待你踏出了第一步，接下來就可以運用１２３間歇心法，幫你走完後續的路程。導師會提升你的信心，讓你活出更精采的人生。它會替你打開那扇通往世界的大門，闖盪世界的確很可怕，但別忘了，害怕其實是興奮的另外一個名字。

如果你打算做自己的導師，你必須學會聆聽內心的聲音，即便你誤會了它的意思，還是要好好酬謝它，而且永遠不能充耳不聞。那意味著你將勇於嘗試很多以前不敢做或不肯做的事情。聽懂了嗎？接下來，我要引介你認識你的個人導師囉。

聆聽自己內心的聲音

你認得你的個人導師嗎？你認得那個永遠搶頭香發言的內在聲音嗎？但幾乎一出聲就立刻被制止的那個聲音？那就是你的導師。

當老闆詢問一屋子的人，對於他剛才說的話，有誰有意見，這個聲音很想說說它的看法——但是，聽到有勇無謀的同事發言後，它就默不作聲了；當某個同事詢問，有誰願意代表我們這一組時，那個聲音明明很想大聲喊出：「我願意！」但最後卻又再度放棄吶喊的，也是它；那個聲音說你可以自己創業，按照自己喜歡的時間工作，做自己真正喜歡的事情，但它的意見卻被更大聲、更強勢的聲音蓋過：「少天真了！你最後一定會搞到身無分文，下半輩子只能流浪街頭。」的聲音給淹沒。管理大師把那個愛找麻煩的聲音稱為你的「內在批評者」；說好聽點，那是你的「雄心滅火器」，說難聽點，根本是不必理會的屁話。

心靈導師應當隨時留意適合你的好機會。真找到時，該怎麼做？秒答應！否則恐因瞻前顧後而錯失良機。世界上最遠的距離，就是我們跟好機會的距離！很多人彷彿罹患了「良機恐懼症」，竟然會下意識地閃躲它，所以總是跟好機會擦身而過。聽起來很怪，對吧？但是，等你真的遇到好機會時，你就會想要逃掉，我也是如此，世界上數以百萬計的人也正在推開好機會。這就應了那句老話：只要不嘗試，就永遠不會失敗。但我必須老實告訴各位，如果你不推開那扇讓你進入世界的大門，你將永遠無法看見這世界。

所以我建議，**勇敢去做你一直想做的事情，而且每個月都要這樣。即便那並不是你想要做的事情，但如果它與你的最終目標息息相關，你就一定要去做**。別再思前想後了，先答應下來，至於實際的做法，稍後再思考就行了。我就是像這樣「事來就接」，連想都不想一下；只要能幫我成為優秀編輯（我的長期目標）的事，我就會立刻答應。因為我們很怕給出承諾，所以必須不假思索地說好，等這個可怕的部分完成之後，你就可以放輕鬆，並且開始思考，你要如何從剛剛答應的那件事情當中找到樂子，而此時就是123間歇心法登場的時候了。

萬事萬物都是苦樂參半

當你得知要拆石膏時，是不是很怕會痛到不行？但拆石膏的整個過程根本不痛，對吧？你的不適其實是恐懼在作祟。拆石膏的過程中唯一會痛的地方，是皮膚與黏著物「有點黏又不會太黏」，頂多占整個過程的三分之一，當你事後回想起來，根本沒什麼大不了的。

我猜，各位都坐過雲霄飛車，所以應該知道整個過程從頭到尾不過兩分鐘，根本不可怕。可怕的部分就只有最前面那輛車到達上坡軌道的最頂端並且停在那裡、像個奧運跳水選手站在跳板的邊緣擺好預備姿勢、準備往下俯衝的那短短幾秒鐘而已。沒錯，那一刻真的很恐怖，但它在整個經驗的比重只占十分之一，其餘九成的時間都是非常好玩的。

令我們感到不適的時刻，也是像這樣轉瞬間就過去了。但我們卻誤以為整個經驗都是不舒適的，因而不敢鼓起勇氣接受新的挑戰，以為整個經驗都是困難與痛苦，所以避之唯恐不及。

天底下的萬事萬物都是苦樂參半的，絕不會是有苦無樂、也不會全都是可怕的。

如果你想要擁有一個豐富且充實的人生，就不應逃避不適，而要欣然迎向人生中最可怕的挑戰，並提醒自己：你有八成五的成功機率，那剩下的一成五該怎麼辦？就交給123間歇心法吧。

遇到任何事都先拆成三，事情就好辦

不論你在人生中遇到什麼事情，只要把它分成三段，事情就會變得好辦。人腦喜歡「三」這個數字，它是打造一個模式的最小數字。三是一個很棒的韻律，當我們剛學會坐時，爸媽就會開始唸《三隻小豬》、《金髮姑娘與三隻熊》、《三隻山羊要過橋》等童話故事給我們聽。所以，三這個數字會讓我們覺得很舒服，甚至能夠幫助我們度過不適的時刻。

當你即將遇到困境時，不妨這麼做：列出三種可能發生的最壞情況，就是你最害怕、且很有可能會破壞整個經驗的三種情況。（如果列出四或五個，你會覺得難以招架，而且你的大腦也會覺得困惑，所以舉出三個就好。）寫好了嗎？現在，你必須開始想出三個有效的解決方法，即便你可能不需要用到三個方法，但有備無患，你也會比較安心。

以我自己為例，我擔任英國版《柯夢波丹》總編輯數月後，就接獲邀請在幾百人面前訪問一位名媛，現在的我已經可以在一群人面前侃侃而談，但當時呢？門都沒有！更糟的是，我們集團的執行長、我的老闆及新同事，全都會到現場旁聽。而且我要訪問的那位名媛，可是出了名的難搞，很愛大放厥詞，卻不談自己的事。幾個月前，她曾捲入某個公開的醜聞中，這可是聽眾最感興趣的八卦消息，要是我沒問呢？那就太不稱職了。

當初，我根本沒多想，便一口答應接下這個挑戰，但隨著時間日益逼近，我開始覺得緊張了。我列出一個又一個想問的問題，而且拚命記住它們，但問題是，我愈想要記住，反倒愈慌張而記不住。我慘了，我的心情也從緊張演變成恐慌，只要一想起此事就胃痛如絞。我整個人陷入自己一定會搞砸的不適之中，那感覺好可怕，而且揮之不去。

我明白不能再這樣下去，所以某天夜裡，我拿出紙筆，把我感到害怕的事情一一寫下來。寫完後，我看著眼前的清單，發現事情並不像我想的那麼嚴重，我最擔心的只有三件事：如何在全場觀眾的注目下優雅走上舞台、忘記我想問的問題、該如何提問所有人最關心的那件醜聞。（我不是說過了嗎？大腦習慣以『三』形成模式。）

我先著手解決最害怕的那件事：上台。走上舞台的那一刻，我肯定會成為全場的目光焦點，這實在太難熬了，對我來說，簡直像身處人間煉獄。（去問問任何一位身經百戰的演講者，這也是他們最痛恨的一件事。）我該怎麼做才能順利讓喧鬧的觀眾安靜下來？我一定要做出得體的表現，因為它攸關整場訪問的成敗。

我看了一堆影帶，觀摩別人是怎麼做的，最後我歸納出幾種做法：用笑話開場（這對我來說，風險太高）、用問題開場（可行，但要問對問題），或是自我介紹，或是陳述你對現場觀眾的觀察（我覺得這做法也不錯）；或是說：「我要來跟大家分享一個故事……」（我猜是因為人天生喜歡聽八卦，所以一聽到此話自然就聚精會神。）

對我而言，提問法似乎是最容易的選項；其次則是自我介紹，或是對觀眾的觀察。再不行的話，那我可能會跟他們說個故事。當我想好這三招後，心頭的重擔立刻卸下一半，心也隨即安了。

接下來的重頭戲則是提問「私事」。我絞盡腦汁，究竟該怎麼做才好？要麼，我可以若無其事地一開頭就提問，但我擔心這麼一來，有可能模糊了整場訪談的焦點；

再不然，就跟一般記者一樣，等到訪問快結束、受訪者比較沒有戒心的時候再提問，但就怕一個不小心把對方惹火了，不但讓訪問在不愉快的情況下結束，觀眾肯定也會很掃興。最後，我決定在中場提問比較保險，而且最好是緊接在一個沒那麼辛辣的問題之後、受訪者的心情比較舒暢時提出，問完馬上安排一個有趣的問題。像這樣，一收一放、高低起伏的訪問，應該可以滿足大家的「求知欲」吧。

至於忘記問題一事，那就好辦啦，只要把它們背下來就行了嘛（我到現在還是這樣，阿姨我真的沒練過，所以各位千萬不要學），不過，我還是準備了一張小抄以備不時之需，而且還把特別記不住的那幾題寫在手指頭上，不知情的人還以為那是時下最夯的人體彩繪。

幸好，整場訪問進行得相當順利。雖然這份工作讓我覺得備受挑戰，但我並沒有被嚇破膽或落荒而逃，反而覺得很開心、很有成就感。

順帶一提，123間歇心法可以適用於任何狀況。譬如說吧，當你結束一整天的累人工作回到家後，明明很想吃點甜食犒賞自己，但又怕一吃不可收拾而不敢行動，你猜我會怎麼做？當然是祭出我的123間歇心法囉！首先，絕不可以一回到家就換上那種有鬆緊帶的「危險褲子」，因為褲頭鬆了胃口就會大開；其次，我會把餅乾罐放到櫥櫃的頂層，這樣要拿的時候就很費事，必須搬張椅子站上去，我通常會累到懶得為了吃幾塊餅乾這麼大費周章；其三，我回家不喝咖啡而是喝杯茶，因為吃餅乾配茶，感覺就不如配咖啡那麼對味。這就是我的對策，簡單且零痛苦。

無畏不適，讓你更強大

123間歇心法真的是百試百靈，這點我敢打包票，因為過去五年來，我都是抱持著這樣積極正面的態度度過每一天。最近，甚至有同事跟我說，她想不出世上有任何事可以「嚇倒我」。其實，過去的我膽小如鼠，對很多事情都感到害怕和焦慮。事實上，人一輩子都擺脫不掉害怕和焦慮的糾纏，要是不會害怕，那我就不是人了。只不過，現在的我比較願意冒險也勇於挑戰。每當遇到棘手的事情，我就會提醒自己，會害怕就代表事情正在往前邁進。當你披荊斬棘、努力度過困境時，也會產生這樣的感覺。

記住，**踏進你的不適圈並不是為了消除恐懼，也不是要打造一個無畏的世界，而**

是要讓你不再那麼畏首畏尾。當你明白「天下無難事，只怕有心人」的道理後，一切都會變得不一樣。你會發現好多扇門突然開了，不是有人替你推開它們，而是你自己推開的。各式各樣的機會如雨後春筍般出現，並不是因為機會變多了，而是**因為你抱持更開放的心態追求各種機會。你再也不會動輒心臟狂跳，不是因為人生變得更好混，而是因為你變得更聰明、更強大。那就是踏進不適圈帶給你的好處——讓你擁有貨真價實的力量**。

一領悟了這個道理後，我便立刻開始嘗試之前不敢做的事，像是單身出遊。自從我結婚之後，已經好幾年不曾一個人獨自旅行了，因為我太害怕旅途中遇到一些不方便的小事，例如：一個人到餐館吃飯、在一個說外語的地方搭乘大眾交通工具，還有天黑後一個人走在陌生城市的街道上。但打從我想出123間歇心法之後，我就下定決心，不再被這些小事阻撓。現在，我每年都會拋下老公，一個人造訪外國的城市。這些單人旅行不只滋養了我的靈魂，還讓我遇到一些好棒的人，然後他們又帶我認識其他的好人。

拜123間歇心法之賜，我不再害怕工作場合中的交際應酬，或是一個人出席晚宴，反正就是到場後找個人打聲招呼後開始寒暄，萬一遇到極度木訥、完全聊不起來的人，我會想出一個完美的脫身藉口，絕對不會傷到對方的自尊。最近，我才受邀造訪某人位於倫敦蛋黃區的豪宅，出席一場盛宴，當晚的賓客個個大有來頭，包括一位女爵士、幾位矽谷科技大咖、一位哈佛教授……以及敝人在下我。要是早幾年遇到這種邀約，我多半會想辦法回絕（先「冷處理」，等幾天後我怕到脊椎骨都一陣透心涼時，再予以婉拒），因為我覺得出席這種一個人都不認識的陌生晚宴很可怕。不過，現在的我已經比較胸有成竹，我會帶著一瓶美酒及一束鮮花上門（記得一定要隨身帶幾樣道具，這樣你可以開口請人幫你找個地方安置這些禮物，然後你們就可以順勢聊上幾句，免除了你單身赴宴的尷尬），接下來就「把別人家當成自家」，安心自在地跟大家「打成一片」。我不得不說，那是一場令人難忘的聚會，我不僅認識了好多人，還與其中幾位成為好友。

這個星期我有什麼安排呢？我又受邀出席兩場陌生晚宴；還要跟一位非常高調的總編輯公開辯論，其實，此人是我剛入行時最崇拜的對象；我還受邀到上議院發表演說。上述這些活動邀約我都是當場就一口答應，因為我深怕幾天後自己又會「嚇到龜縮」。其實，我只是個平凡的記者、一個還算稱職的總編輯、一個並不特別出色的演說家。我跟大多數人唯一不同之處在於，我每個星期都逼自己踏入不適圈，我這麼做的結果就是，我得到了自己從不敢奢望的各種機會。就像我在二〇一五年六月某個溫暖的早上，進到我在《柯夢波丹》的玻璃辦公室裡朝外望時，我看到眼前的是可怕的不適；但是，當我努力克服不適之後的成果，是在六個月內，讓《柯夢波丹》重返英國女性時尚雜誌銷量冠軍寶座——這可是它睽違了十六年之久的佳績喔。

這本書裡提到的每一位優秀男女——維多莉亞．潘德頓、尚恩．瑞德、瑪西亞．齊爾格……他們絕不敢自誇天生比一般人更有才華，但他們的確比我們更能吃苦（有些是爸媽盼望他們能出人頭地，有些則是情勢所逼），所以才能一再勇闖不適圈。他們深信「吃得苦中苦，方為人上人」的古訓，並抱持「天下無難事，只怕有心人」的心態，**勇敢面對遇到的難題，因為他們知道，挑戰自己的「不適圈」，能幫助我們向上提升，而非向下沉淪。他們親身體驗到，踏進不適圈會對你的身心產生難以解釋的、有如魔法般的神奇效果，只要各位願意踏出第一步，你也一定能脫胎換骨。**

謝誌

我要感謝好多位堅忍不拔的人啟發了這本書，他們教會了我——**勇敢擁抱不適，會讓你獲得神奇的力量**。

我要向以下各位表達最深的謝意：安娜．瓊斯（Anna Jones），感謝妳一直對我信賴有加；WD史托（WD Storr），親愛的腦公，感謝你總是一邊陪我蹓狗，一邊陪我腦力激盪；蘿塞特．潘巴金（Rosette Pambakian），蕾貝卡．雷吉（Rebecca Ridge），以及英國版《柯夢波丹》雜誌團隊，他們每一天都被推進不適圈裡。還有艾蜜莉．莫菲（Emily Murphy）及潔西卡．布朗寧（Jessica Browning），謝謝妳們。

我還要大讚我的經紀人亞莉安．辛頓（Adrian Sington），我出色的編輯柔伊．波恩（Zoe Bohm）與安娜．史岱德曼（Anna Steadman），最給力的克拉拉．狄亞茲（Clara Diaz）、艾咪．基德森（Aimee Kitson）、朱利安．史都華（Jillian Stewart）與艾莉森．史德基恩（Alison Sturgeon）。

當然，還有各位了不起的受訪者，你們撥出寶貴的時間接受訪問，而且毫不藏私地分享你們擁抱不適的心路歷程：瑪西亞．齊爾格、尚恩．瑞德、維多莉亞．潘德頓、莎加．穆格、莎賓娜．柯恩．哈頓、艾力克．安德伍及塔莎．歐里希。感謝各位！

HEART
心|視野 心視野系列 057

駕馭不適圈

成功人士跳脱舒適圈、超越痛苦、與壓力共處的 123 間歇心法

作　　者　法拉・史托（Farrah Storr）
譯　　者　閻蕙群
總 編 輯　何玉美
主　　編　林俊安
責任編輯　林謹瓊
封面設計　張天薪
內文排版　黃雅芬

出版發行　采實文化事業股份有限公司
行銷企劃　陳佩宜・黃于庭・馮羿勳・蔡雨庭
業務發行　張世明・林踏欣・林坤蓉・王貞玉
國際版權　王俐雯・林冠妤
印務採購　曾玉霞
會計行政　王雅蕙・李韶婉
法律顧問　第一國際法律事務所　余淑杏律師
電子信箱　acme@acmebook.com.tw
采實官網　www.acmebook.com.tw
采實臉書　www.facebook.com/acmebook01

I S B N　978-986-507-051-9
定　　價　350 元
初版一刷　2019 年 11 月
劃撥帳號　50148859
劃撥戶名　采實文化事業股份有限公司
104 台北市中山區南京東路二段 95 號 9 樓
電話：(02)2511-9798　傳真：(02)2571-3298

國家圖書館出版品預行編目資料

駕馭不適圈：成功人士跳脱舒適圈、超越痛苦、與壓力共處的 123 間歇心法 / 法拉 . 史托 (Farrah Storr) 著；閻蕙群譯 . -- 初版 . -- 台北市：采實文化，2019.11
272 面；14.8×21 公分 . --（心視野系列；57）
譯自：The discomfort zone : how to get what you want by living fearlessly
ISBN 978-986-507-051-9（平裝）
1. 自我實現 2. 成功法
177.2　108015672

翻轉學

翻轉學

翻轉學

翻轉學